台灣統治
與鴉片問題

劉明修〔伊藤潔〕◎著

李明峻◎譯

目次

前 言

　　鴉片是諸病的靈藥，也是萬惡的淵藪。在所有會使人類上癮的習慣性嗜好品中，沒有像鴉片般令人忌諱的。十六世紀以後，歐洲各國相繼在東南亞地區領有殖民地，而在他們經營這些殖民地的過程中，鴉片都被做為專賣商品，並在其殖民地政府的財政上扮演極為重要的角色。因此，東南亞幾難倖免於鴉片慘禍之外，甚至迄今仍有部分地區還殘留著這個禍根。本書所討論的台灣鴉片之禍，可說是其中受害最烈的地方。

　　由於甲午戰爭的結果，日本領有第一個殖民地——台灣。毫無經營殖民地經驗的日本政府，最初面對的難題是：台灣人的武力抵抗和吸食鴉片的問題。對於台灣人以武力反抗的問題，除了訴諸軍事力及警察力之外，可說是別無他法；但對鴉片問題而言，其對策卻是林林總總、包羅萬象。當時日本國內有嚴禁論、漸禁論和非禁論的激烈論爭，但最後決定採用內務省衛生局長後藤新平的漸禁論，期待台灣在五十年後能像日本內地一般斷絕鴉片的吸食，而在完全禁絕之前則由政府實施鴉片的專賣制度，這個定調使得論爭終告塵埃落定。

　　關於後藤新平的鴉片漸禁政策，乃是基於其「生物學

式的殖民地經營原則」。在其「生物學式」的殖民統治考量
下，台灣總督府排除激烈的嚴禁政策，同時也排除非禁論的
主張，使得「漸禁的同化政策」最後成爲日本經營台灣的基
本政策。

　　當時台灣人吸食鴉片已持續三百多年，但其後果眞如後
藤新平所預言般地，在日本領有台灣五十年後完全禁絕。日
本統治台灣達半世紀所遺留的痕跡中，這是最重要的治績之
一。然而，有關這方面的研究卻付之闕如[1]。

　　本書嘗試就長久以來蔓延於台灣人間嚴重的吸食鴉片惡
習，以其究竟如何根絕的問題爲中心進行討論，希望多少塡
補日本的台灣統治史以及台灣史有關鴉片吸食研究的空白，
並從後藤新平處理鴉片問題這一層面，解明其確立台灣統治
方向的生物學式殖民地經營（即漸禁的同化政策）的內涵。

　　伴隨著上述的課題，吾人必須注意以下各點。亦即：
一、日本在台灣的鴉片專賣制度和歐洲諸國在東南亞地區的
殖民地政策有何差異？二、國際鴉片會議對台灣的鴉片問題
造成何種影響？三、被統治的台灣人如何看待日本的鴉片
政策？同時，由於研究對象跨越的時間頗長，本書將之分

1　就我個人所見，公開發表過的研究只有下面三種：一、亞細亞經濟研究所
　出版雜誌『亞細亞經濟』第一九卷第一一號（1979年2月）所載森久男氏的
　「台灣阿片處分問題」；二、筆者在日本歷史學會會刊『日本歷史』1979
　年5月號發表的「日本の阿片政策と台灣財政」；三、筆者在近代日本研究
　會『年報・近代日本研究』三（1981年11月，山川出版社）發表的「1930
　年台灣阿片吸食新特許の反對運動」。同時，筆者前述論文之內容已納入本
　書。

爲過渡期（1895～97）、漸禁前期（1897～1930）、漸禁後期
（1930～42）、禁絕期（1942～46）等四個時期，以力求清楚說
明日本對台鴉片政策之演進。

　　此外，筆者在此想對本書所用的史料附帶加以說明。
日本在太平洋戰爭中失利，結果因戰敗之混亂以及問題的特
殊性，使得有關鴉片問題的文獻或史料幾皆散佚，有些甚至
可能被刻意隱匿或湮滅。在對相關人士進行訪談時，他們也
常下意識地迴避此一問題。由於存在史料受到約制的狀況，
使得像台灣鴉片事件或關東廳鴉片事件等極爲重要的問題，
即由於案件的性質敏感，導致無法充分解明其與日本本土的
關聯，而僅能針對台灣漸禁政策的部分，進行相關問題的討
論。然而，筆者仍在美國國會圖書館以及哈佛的燕京圖書館
等處，找到日本公家機關在太平洋戰爭期間刊行的若干極祕
文獻，更取得在台灣負責矯正鴉片煙癮事業的杜聰明教授的
回憶錄，以及台灣人民族運動的領導者已故林獻堂氏的日記
（稿本）。從而，對有關台灣鴉片的漸禁政策和其實況，相
信能有相當鮮明的先進研究。

▋第一章▋

台灣鴉片問題的歷史背景

一、鴉片吸食惡習之傳入台灣與財政

　　鴉片（Opium）[1]為百病之靈丹，亦為萬惡之淵藪。鴉片最初原只限於醫藥用途，其所以會變成使人上癮的毒品，據說是以伊斯蘭教徒為嚆矢[2]。由於伊斯蘭教的教律嚴格，禁止教徒飲用含酒精成分的飲料，故伊斯蘭教徒很早就將鴉片當作酒的替代品來使用。最初的食用方法是將鴉片和蜂蜜或香料混合製成藥丸，再以熱水化開飲用或直接吞食（Opium-eating）。

　　會導致上癮的吞食鴉片劣習漸次傳到波斯和土耳其，在大航海時期再藉由荷蘭貿易商傳到荷蘭殖民地的爪哇[3]。在爪

1　鴉片是割開罌粟花（Papaver Somniferum）未熟的果實，收集切口分泌的乳狀汁液，待其自然乾燥後所得的淡褐色固體，此即含有二十多種生物鹼的袂康酸。其中約25%的生物鹼成份是以嗎啡為主，其他還有那可丁、可待因、罌粟鹼、二甲基等。中文稱之為阿芙蓉、鴉片、亞片等。鴉片做為麻藥，一般自大腦、延腦、脊髓等依序逐漸麻痺，具有麻痺中樞神經下行性作用的效果，但相反地會從刺激下方脊髓開始，使中樞神經的上行性作用亢奮。本質上，鴉片具有抑制中樞神經機能的麻痺作用。由於各生物鹼藉其固有功能的相互作用，加上因為黏液的存在而使其作用緩和，故常用來做止瀉劑或抑制疼痛痙攣等。參照田澤震五『阿片資料』（田澤化學工業研究所，昭和7年），頁1-3、42-46、50-53。守中清『阿片中毒の話』（滿州文化協會，昭和9年），頁3-14、15-18。三簡功『阿片の話』（大正13年）。

2　前揭『阿片資料』，頁2。

3　馬場鯱『阿片東漸史』（〔滿州國〕禁煙總局，康德8年），頁72-73。

哇，來自中國的勞工──今日的華僑──開始將鴉片混合煙
草而用煙管吸食，此即吸食鴉片（Opium-smoking）的源起[4]。
由於吸食鴉片符合中國人（漢民族）的口味，此後鴉片便以排
山倒海之勢自爪哇北上，立刻廣泛傳佈到中國南部和台灣。

　　關於鴉片傳來台灣的路徑有兩種說法，即「中國傳入
說」和「爪哇直接傳來說」。「中國傳入說」的根據是《廈
門志・風俗記》中收錄的「戒食鴉片煙告示」文獻[5]：

　　鴉片始自西洋荷蘭及咬留吧（爪哇－譯註）等國……彼
國前明萬曆年間至中國，貪我富庶，造此毒物，使中國人食
之，柔其筋骨、耗其精神、惰其志氣、破其貲財，欲令薰蒸
遍於天下，然後逞彼狡謀，將圖不軌。彼國不肯自食，有竊
食之者，立斬；中國猶不知其意，迨後有人親至咬留吧為彼
婿多年，歸而言之，始知彼國奸謀如此……

4　Alfred W. McCoy, "The Politics of Heroin in Southeast Asia", 1972, New
　　York, p. 60. 如圖一所見，鴉片的食用法有吞食及吸食。吸食時，將生鴉片
　　製成鴉片煙膏後，使用鴉片槍（Opium-pipe）將燃燒鴉片煙膏的煙吸入體
　　內，因此吸鴉片又稱為「吸煙（烟）」。相較於中國人或漢民族幾乎採吸食
　　方式，伊斯蘭教徒及其他民族則是採用吞食生鴉片的方法。『極東阿片問
　　題』（國際連盟極東阿片調查委員會報告書，國際連盟協會，昭和8年），
　　頁40-41。

5　許清原〈戒食鴉片煙告示〉，周凱編《廈門志》第五冊所收（台灣銀行，民
　　國50年），頁656（台灣文獻叢刊第九五種）。日譯本見伊能嘉矩『台灣文
　　化志』中卷（刀江書院，昭和40年復刻），頁305。

圖一、吸食鴉片的狀態與器具（台灣總督府專賣局，松下芳三郎，
　　《台灣阿片志》，台灣日日新報社，大正15年，頁18–19）

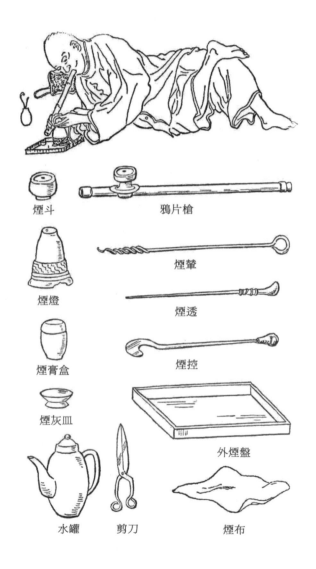

煙斗　　　　　　　鴉片槍

煙燈　　　　　　　煙鏟

　　　　　　　　　煙透

煙膏盒　　　　　　煙控

煙灰皿

　　　　　　　　　外煙盤

水罐　　剪刀　　　煙布

此外，《台灣府志・外島》篇中亦有如下記載[6]：

咬留吧（一作萬喇吧）……本爪哇地，紅毛奪之。其初，土人輕捷善鬥；紅毛製爲鴉片煙，誘使食之，舉國爭趨如鶩，久遂疲羸受制，竟爲所據。……法尚嚴，約束紅毛及唐人無得吃鴉片；犯則重罰不宥。然唐人往往竊食，至有懷其土入中國，依法製煙，流毒漳、泉、廈門；今則蔓延及台，雖禁不能遽絕……

根據以上文獻所載，我們可以推測吸食鴉片的劣習，是在中國明朝萬曆年間（1573〜1619），由赴爪哇工作賺賤的華僑傳到中國福建的漳州、泉州、廈門等地，繼而從廈門越海傳到台灣。這就是所謂的「中國傳入說」。

與此相對地，有些學者卻認爲荷蘭領有爪哇之後不久，隨即在1624年至1662年間領有台灣，其後更以台灣爲中繼站與日本、中國、爪哇、荷蘭進行貿易[7]，因此鴉片吸食從爪哇直接傳入台灣的可能性頗高。根據美國學者摩爾斯（C. Morse）的說法，由於鴉片可有效壓制台灣的風土病——瘧疾，因此吸食鴉片的劣習是在荷人領台時由爪哇傳到台灣，

---

6 范咸《重修台灣府志》第四冊（台灣銀行，民國50年），頁582（台灣文獻叢刊第一〇五種）。日譯本見前揭『台灣文化志』中卷，頁304-05。

7 王育德『台灣—苦悶するその歷史』（弘文堂，昭和49年4月第四版），頁27-30。

再由台灣經廈門傳到中國大陸[8]。支持摩爾斯說法的還有麥克
考伊（A. W. McCoy），他於《東南亞的海洛英政治》一書的
陳述中指出，荷蘭人早在十七世紀初便在台灣從事鴉片的販
售[9]。這就是所謂的「爪哇直接傳來說」。

　　關於鴉片傳入台灣的路線，很難判斷兩說究竟何者正
確，但兩說對於爪哇是鴉片傳入發源地的看法卻相當一致。
此外，除福建部分地區以外，台灣人吸食鴉片早於中國大陸
任何地區這一點，兩種說法亦持相同見解。

　　台灣自1683（康熙22）年起納入清國版圖。隨著福建和廣
東移民的陸續來台，吸食鴉片的劣習漸次繁盛。在1721（康
熙60）年「朱一貴之亂」後，藍鼎元[10]為改革清國在台灣的統
治，乃於1724（雍正2）年上書當時的巡台御史英禮達。此份
〈論治台灣事宜書〉提及[11]：

8　杜聰明《台灣鴉片癮者之統計的調查　第八報告》，《杜聰明言論集》第二
　　輯所收（杜聰明博士獎學基金委員會，民國53年），頁178-79。

9　McCoy, op. cit., p. 60.

10　藍鼎元（1680-1733），字玉霖，別字任菴，號鹿洲，福建漳浦人。博覽群
　　籍，先後受知於福建學政沈涵、福建巡撫張伯行，擔任講學及纂訂先儒諸
　　書的工作，其才能名聞遐邇。1721年5至7月台灣發生朱一貴事件，乃隨族
　　兄南澳鎮總兵藍廷珍平台，在幕期間上言南、北路文武駐紮要害，官兵營汛
　　添設更置，台鎮不可移澎湖，哨船之舵繚斗椗各兵必不可換，羅漢門、郎嬌
　　（琅嶠）、檳榔林、阿猴林不可棄等，均受閩浙總督覺羅滿保的允行。──
　　譯者註

11　藍鼎元〈與吳觀察論治台事宜書〉，丁曰健編《治台必告錄》第一冊所收
　　（台灣銀行，民國48年），頁5（台灣文獻叢刊第一七種）。日譯本見前揭
　　『台灣文化志』中卷，頁307。

鴉片煙……無賴惡少群聚夜飲，遂成風俗……誘後來者，初赴飲不用錢；久則不能自已，傾家赴之矣！能通宵不寐、助淫慾。始之為樂，後遂不可復救。

一日輟飲，則面皮頓縮、唇齒缺露，脫神欲斃……聞此為狡黠島夷詿傾唐人財命者；愚夫不悟……傳入中國已十餘年，廈門多有，而台灣特甚，殊可哀也。

藍鼎元陳述台灣鴉片毒害之猖狂，痛論禁絕鴉片與振興衰頹民風乃急要之務。此外，《台灣縣志》亦舉鴉片和賭博為台灣風俗之兩大害，「必相調度以革除此二者，否則民難久安」[12]。由此可見鴉片在當時已成為十分嚴重的社會問題。

吸食鴉片之劣習不僅在台灣一地蔓延，在中國大陸亦以星火燎原之勢襲捲各地。清國政府雖自1729（雍正7）年起發佈一連串的禁令[13]，但卻絲毫不見成效。在中國本土尚且如此，對「化外之地」的台灣而言，這些禁令當然更形同虛設。自1779年起，英屬東印度公司實施鴉片販售的獨占制度[14]，自此更是大幅增加對中國的鴉片輸出。如眾所周知地，其結果引發英清第一次與第二次的鴉片戰爭，且隨著南

---

12 李麒光〈禁賭博示〉，陳文達編《台灣縣志》第二冊（台灣銀行，民國50年），頁237（台灣文獻叢刊第一〇三種）。日譯本見前揭『台灣文化志』中卷，頁308。

13 于思德《中國禁煙法令變遷史》（中華書局，民國23年），頁15-72。

14 衛藤瀋吉『近代中國政治史研究』（東京大學出版會，昭和43年），頁92-95。

京條約和天津條約的簽訂，等於公開認許英國輸出鴉片到中國大陸，最後甚至連清國海關都交由英國人管理[15]。

隨著鴉片進口限制的解除，流入中國大陸的鴉片大增，吸食鴉片的劣習便如滔滔狂浪般襲捲全國，清國政府完全無計可施；台灣鴉片問題之嚴重更是毋庸贅言。1848（道光28）年時，台灣道徐宗幹在〈請籌議備貯書〉[16]中提出警告：

> 台灣……銀何以日少？洋煙愈甚也。……而煙土之禁，不弛而弛。即以每人每日約計之，需銀二錢；就台地貴賤貧富良莠男女約略喫煙者不下數十萬人，以五十萬計之，每日即耗銀十萬兩矣。此有去之日、無來之日，業數十餘矣，安得不窮且盜乎？

徐氏在此痛陳鴉片煙使白銀外流與敗壞風俗，並致力頒佈「禁煙公約」和「全台紳民公約」[17]，期能防遏鴉片弊害的擴散。然而，清廷一連串的禁令尚且無能奏效，徐氏所提單僅表明願望而毫無拘束力的「公約」，自然無法對鴉片問

15　陳舜臣『實錄アヘン戰爭』（中央公論社，昭和46年），頁150-212。前揭『近代中國政治史研究』，頁25-49。

16　徐宗幹〈請籌議備貯書〉，丁日健編《治台必告錄》第二冊所收（台灣銀行，民國48年），頁282-83（台灣文獻叢刊第一七種）。日譯本見前揭『台灣文化志』中卷，頁312。

17　徐宗幹〈禁煙公約〉，〈全台紳民公約〉，丁日健編《治台必告錄》第三冊（台灣銀行，民國48年），頁375（台灣文獻叢刊第一七種）。

題產生任何影響。於是，吸食鴉片之習興盛不衰。如表1[18]所示，輸入台灣的鴉片有逐年增加的趨勢。若再加上未被計算的走私鴉片在內，台灣的鴉片輸入量想必更加驚人。

表1 台灣鴉片輸入量（斤）

年度	鴉片輸入量	年度	鴉片輸入量
1864	99,700	1880	579,600
1865	228,800	1881	588,072
1866	254,200	1882	459,648
1867	358,600	1883	401,833
1868	203,300	1884	357,772
1869	257,100	1885	377,506
1870	289,700	1886	454,567
1871	328,000	1887	424,794
1872	334,100	1888	464,239
1873	359,300	1889	473,487
1874	416,900	1890	504,276
1875	415,900	1891	558,200
1876	451,800	1892	514,100
1877	508,200	1893	468,700
1878	470,100	1894	390,900
1879	555,200	1895	172,900

　　經過鴉片戰爭之後，中國如同曝曬在陽光下的木乃伊，

18　前揭『台灣阿片志』，頁8-9。J. W. Davidson,"The Island of Formosa, Past and Present", 1903, London and New York, Macmillan & Co., p.395, 442, 457.

全體內外都在急速地崩壞。在此急速崩壞的過程中，台灣這
塊中國原已無暇旁顧的「化外之地」，整個統治體系此時更
陷入失序狀態。在這種情形下，莫說鴉片禁令無法有效執
行，甚至在英人控制的關稅所得中（如表2[19]所示），鴉片收入
反倒成為維持台灣財政的支柱。尤其是在1887（光緒13）年以
後，台灣財政幾乎完全依賴鴉片收入，甚至已然到了不可一
日或缺的地步。

表2 鴉片收入比例（兩）

年度	鴉片收入			歲入總額 b	a/b x100%
	關稅	釐金	合計 a		
1881	139,842		139,842	538,865	26
1882	114,154		114,153	572,283	20
1883	94,669		94,668	491,828	19
1884	89,283		89,282	508,095	18
1885	90,655		90,654	525,095	17
1886	126,339		126,338	536,241	24
1887	126,983	299,289	426,273	872,100	49
1888	139,339	371,566	510,906	1,002,590	51
1889	142,017	378,713	520,730	990,148	53
1890	151,452	403,804	555,258	1,045,247	53
1891	167,497	446,640	614,138	1,111,570	55
1892	154,522	412,061	566,585	1,079,101	53

19　前揭『台灣阿片志』，頁11。東嘉生『台灣經濟史研究』（東都書籍，昭
　　和19年），頁359-60。

二、吸食鴉片蔓延的原因及其弊害

●吸食鴉片蔓延的原因

　　儘管清國政府頒佈嚴格的重重禁令，但吸食鴉片的劣習不僅未被遏止，反而有愈加蔓延的趨勢。促使此一有害且可怕的劣習蔓延的原因，可歸納為治病、享樂、模仿、煩悶、強制、社交等六項。

　　一、治病：吸食鴉片並非使人失去意識知覺，而是麻痺中樞神經的疼痛感受。因此，無論何種疼痛，只要吸食鴉片，即可在數分鐘內獲得緩和。此外，鴉片對各種呼吸困難及呼吸痙攣性症狀，亦有鎮靜的效果。同時，由於鴉片有抑制腸胃蠕動的功能，所以對於急性腸炎、腸出血、腸穿孔等亦相當有效。因此，台灣一地歷來有將鴉片做為家庭常備藥的風氣。如此一來，雖然原本的目的只是利用鴉片暫時減輕痛楚，但最後卻因經常吸食而上癮[20]。特別是在抑制瘧疾的發作或治療肺結核方面，鴉片的使用

20　荒川淺吉『阿片の認識』（昭和18年），頁56。

尤為廣泛[21]。

二、享樂：鴉片不但能夠消除疲勞、飢餓等各種不舒服的感覺，更能引發某種快感，具有增進性慾並持續亢奮的效果。使得有些人本來是為了享樂而吸食鴉片，最後卻造成不得不吸的習癖[22]。

三、模仿：與形成抽煙習慣相同地，部分癮者來自模仿的動機。亦即，吸食者的子女見到父母吸食，亦拿起煙具玩耍，模仿父母吸食鴉片，而在次數增多之後逐漸上癮[23]。

四、煩悶：因為事業失敗或家族發生不幸而精神煩悶者，有時為求一時的解脫而吸食鴉片，結果逐漸上癮[24]。

五、強制：此點來自於視寡婦不改嫁為美德的風俗。家中父兄為使守寡的婦人守住婦德，會供以鴉片來轉移愉悅方式，最後導致她們染上鴉片煙癮[25]。

六、社交：台灣人常在朋友交際或商人洽商時奉上鴉

21　台灣對於結核病患者常使用鴉片治療。患者在吸鴉片之後，可以減輕最痛苦的激咳症狀，且能夠停止喀血，胸腔的壓迫感及肩膀肌肉僵硬亦可獲得解除，同時容易使患者入眠。在日本領有台灣之前，讓吸食鴉片惡習蔓延的最主要原因就是結核病患者的普遍使用。參照杵淵義房『台灣社會事業史』（德友會，昭和15年），頁270。

22　前揭『阿片の認識』，頁57。

23　前揭『台灣社會事業史』，頁872。

24　同上註。

25　同上註。

片，「如內地奉上茶果或酒肴給客人饗用一般」，
而此種以鴉片饗客的常俗，有時亦造成吸食人口的
普遍化[26]。

　　以上是日本領台前，鴉片在台灣蔓延的原因。台灣總督
府專為矯正治療鴉片癮者而設立台北更生院，在其1930（昭
和5）年1月至同年年底期間的調查報告中記述如下：「根據
吾人在台灣的統計調查，因無知而將鴉片做為自家治療用
藥而上癮的情形最多……觀察一千名鴉片癮者的吸食動機
後，發現只有124人是為享樂而吸食鴉片，約相當於全體的
12.4％，其餘悉數都是為了治病而開始吸食鴉片。」[27]對於
此點，報告中亦指出：「當然，有些回答可能並非屬實……
有人只是胡謅一個病痛做為吸食的理由。」[28]可見調查報告
亦有其不能偏信之處。然而，由於不知鴉片之害而無知地於
自家治療時經常使用，應是吸食鴉片劣習蔓延的最大原因之
一，此點大概可以確定真有其事。

●吸食鴉片的弊害

　　目前雖然已多方論介吸食鴉片之弊害，但大部分的評論
都是基於國家或民族的立場（即宏觀的觀點）。在此，筆者依

26　台灣總督府製藥所『阿片事項調查書』（明治30年），頁106。

27　杜聰明《台灣鴉片癮者之統計的調查　第八報告》，《杜聰明言論集》第
　　二輯所收（杜聰明博士獎學基金委員會，民國53年），頁568-69。

28　前揭『阿片の認識』，頁62。

據國際聯盟遠東鴉片問題調查委員會的調查報告[29]，試用較微觀的角度來整理吸食鴉片的害處。

一、肉體的影響：吸食鴉片者身體逐漸衰弱，正常生理機能漸被破壞，特別是消化系統的破壞尤其嚴重。此外，缺乏食慾也容易導致慢性便祕症。一般而言，吸食者會喪失活力、性能力衰弱、陽萎，以致身體極端消瘦。

二、精神的影響：吸食鴉片後，心神喪失，意識遲鈍。久而久之，意志力逐漸薄弱，懶怠工作；最後鴉片成爲生活的目的，每日只關心如何取得鴉片。

三、道德的影響：爲了得到鴉片，患者通常會不擇手段，最後道德淪喪、不誠實、不正直，喪失是非正邪的觀念。

四、經濟的影響：鴉片癮者爲購買鴉片，必然耗費自己或家族成員的部分收入，使得家族生活費用日益短絀，結果導致貧窮，生活難以向上提昇。同時，鴉片癮者的工作效率要比正常人低落許多，因此雇主非不得已不會雇用鴉片癮者。即使勉強雇用，其工資亦在一般人的半數以下。

五、社會的影響：鴉片癮者因無法顧及自己健康和家族生計，結果導致生活水準極低。吸食鴉片的劣習污染社會，而鴉片煙筒亦是傳播肺結核或漏膿等傳染

---

29 國際連盟極東阿片問題調查委員會『極東阿片問題』（國際連盟極東鴉片調查委員會報告書，國際連盟協會，昭和8年），頁18-28。

病的媒介。此外，赤貧的鴉片癮者也成為社會的一
項負擔。

　　吸食鴉片的弊害非一朝一夕即會浮現，如同慢性中毒一
般，需相當長的時間才會顯現，且歷時越久，其所造成的危
害越深。

三、近代日本的鴉片政策

　　關於鴉片究竟何時傳到日本，目前雖無直接的文獻記
載，但一般認為，早在足利義滿的時代，鴉片業已由天竺傳
到陸奧的津輕地方，繼而傳到攝津、伊豆三島郡。當時日本
人稱鴉片叫「津輕」，專門栽培做為藥劑原料使用[30]。

　　自從中國——這個不論領土、人口都數倍於日本，並自
古即為日本景仰的大國——在中英鴉片戰爭中敗得一蹶不振
之後，日本當地即流傳：「英國將挾戰勝的餘威，進一步侵
襲日本」，從而對日本造成極大的衝擊[31]。如此一來，日本
於其後開國之際，即對鴉片採取嚴格的管制，成功地阻隔鴉
片可能造成的禍害。此後，直到日本領有台灣這個殖民地之
後，如何處理台灣鴉片問題才再度成為日本政府的難題。

30　荒川淺吉『阿片の認識』（昭和18年），頁151。
31　植田捷雄『東洋外交史』上（東京大學出版會，昭和44年），頁106-09。

●哈里斯的警告

1857（安正4）年12月12日，美國第一任駐日總領事哈里斯在會見「老中」（日本代理幕府將軍施行實際政務的高級官員，是掌握實權的行政首長——譯註）堀田正睦時，以英清鴉片戰爭為例，倡言日本開國的必要性。哈里斯認為清國一連串的敗仗，追根究柢都是因鴉片而起，日本須提防英國有意將鴉片引進日本。哈里斯提出以下嚴重警告[32]。

一、唐（清）國紛亂之因有一，鴉片是也。

二、傳聞二十年前，一年內之鴉片多葉粉費高達二千五百萬兩。

三、近五年之鴉片平均花費為三千萬兩。

四、唐（清）國之害非僅此一端。

五、使用鴉片可致身體孱弱，較之其他毒物更為嚴重。

六、使用鴉片，則富庶之家亦轉窮黎，才顯之人亦終疲精氣。患者理智不行，終至形同非人，倒伏道路。更有甚者，鋌而為盜，不顧死生者亦不在少數。

七、因鴉片作惡，受刑罰制裁者，年以千人計。

八、鴉片彌盛，不多時，惡事漸興。

九、當時唐國之帝叔亦吞食鴉片，終致死亡。

十、前述鴉片悉由英領東印度出產。

32　同上，頁126-27。外務省『日本外交年表竝主要文書』上（原書房，昭和40年），頁10-16。

十一、如前所述，唐國受害至此，英國反圖其利而不厭其害，未嘗稍禁。

十二、英國與唐國條約中，嚴拒明記鴉片字樣。

十三、唐國古來禁煙，而英國卻因圖其利，以火石箭矢強固鴉片貨船，暗地交易。

十四、英國以火石箭矢武裝鴉片貨船，以此干犯唐國嚴禁，唐國官役雖知其情，而查辦不易。是以縱任其安全碇泊，昧良知而與奸商同夥。

十五、英人自陳日本國中必有如唐國之嗜食鴉片者，期與日本官廳擇商引入廣售事宜。

十六、鴉片一旦用之，則終身無止之。無論英人如何能辯善道，然其居心在擴張鴉片之利及於日本。

十七、合眾國總統言，鴉片之於日本，其禍遠較戰爭爲甚。

十八、戰爭之耗損，日後尚可謀求補還，而鴉片一旦用之，則永無挽回之期。

十九、合眾國總統言，鴉片交易尤應加倍提防之。

二十、合眾國總統言，條約中務必針對禁鴉片一事明訂之。

二一、若美利堅人攜鴉片渡日者，可聽憑日本官吏燒毀或任何處置。

二二、若美利堅人上陸，攜帶或吞食鴉片，聽憑日方沒收、燒毀或刑處。

哈里斯警告日本應提防英國不人道地進行鴉片貿易的野心，又殷切地陳述吸食鴉片的毒害。幕府相當重視哈里斯的警告，在其後與外國締結通商條約時，必定加入禁止攜帶鴉片的所謂「鴉片條款」。日本之所以能有效阻斷吸食鴉片的劣習，哈里斯的警告有極大的影響。

●條約的防範措施

和中國的清國政府相比，德川幕府對鴉片的禁制措施極爲不同。清國先從取締國內的鴉片開始，接著限制業者販賣，最後才禁止鴉片貿易[33]。然而，鴉片的毒害早在此前即已蔓延到無可挽救的地步。與此相對地，德川幕府在開國的同時，即與各國締結條約，禁絕攜入鴉片與從事鴉片貿易。如1857（安正4）年在長崎簽訂的「日荷追加條約」第十四條即規定：「於日本國治下，禁止將鴉片交給日本人。」[34]翌年7月於江戶與荷蘭簽訂的「修好通商航海條約」中，亦於其第三條第三項規定：「嚴禁鴉片之輸入。荷蘭商船若攜帶3斤以上之鴉片，其所運貨悉由日本官吏沒收。」[35]另外，同一條約的附件「荷蘭商民貿易章程」亦於第二則第八項中規定：「所運貨物於同一港口內移交別船時，須受日本官吏就地檢查。若犯情明白者，所受許可一概取消。嚴禁鴉片輸

33　衛藤瀋吉『近代中國政治史研究』（東京大學出版會，昭和43年），頁20-30。

34　外務省條約局『舊條約彙纂』第一卷第二部（昭和9年），頁218。

35　同上，頁243。

入。然或有密商圖謀不法之輩，每斤科處38盾25仙之罰金，向日本官所繳納。不論共謀人數多寡均適用此法。」[36]

　　1858（安政5）年7月於江戶簽訂，並於1860（萬延元）年5月在華盛頓換文的「日美修好通商條約」中，特別於其附件「美利堅商民貿易章程」第二則第七項規定：「嚴禁鴉片輸入。然或有密商圖謀不軌之輩，每斤科處15弗之罰金，向日本官所繳納。不論共謀人數多寡均適用此法。」[37]

　　在此之前，日本於1857（安政4）年和俄國在長崎締結的「追加條約」第十四條中亦明訂：「若魯西亞（俄羅斯）商船向日本國輸入鴉片，其運貨一律沒收。犯人依前記嚴禁有害商業行為之魯西亞法律懲處。」[38]

　　日本幕府更於1858（安政5）年8月，在與俄國簽訂的「修好通商條約」第十一條中規定：「嚴禁輸入鴉片。俄羅斯國商船攜帶鴉片逾三斤時，超過部分應由日本官吏沒收。俄羅斯人在日本買賣鴉片涉罪時，貨物沒收且科處每斤20盧布罰金給日本官所，並交與俄國法律懲處。」[39]

　　如此，日本在開國之初便藉由諸般條約規定，嚴密防堵鴉片的流入。

　　自從黑船來航打破日本長久的鎖國，一直到明治政府成立之期間，是幕府面臨外國交涉、雄藩介入國事以及尊皇攘

36　同上，頁255。

37　外務省條約局『舊條約彙纂』第一卷第一部（昭和5年），頁34。

38　前揭『舊條約彙纂』第一卷第二部，頁543。

39　同上，頁565-66。

夷運動等的多事之秋。於此時期，幕府對鴉片僅能做到防範走私的海防作戰，在尚未以內政問題著手處理之前，幕府即被迫「大政奉還」，而將此工作交給取而代之的明治政府。

●明治政府的嚴禁措施

明治新政府繼承德川幕府禁止鴉片的一貫政策，在1868（明治元）年6月，即東征大總督進入江戶城的次月，即發佈以下的「太政官布告」[40]：

鴉片煙草為耗人精氣、短人命數之物，以往各條約明文嚴禁外國人攜渡入境。唯近時有船舶暗自載運之事，萬一流佈世上，將成生民之大害。切不可買賣之，甚或一己吞用之，若干犯禁令、為人舉發，必嚴科懲處。眾官當應了然於心，謹守無失。

各府藩縣均應高揭告示前項文書，以昭告百姓。

雖說「必嚴科懲處」，但實際上並未明訂罰則。直到1870（明治3）年9月，太政官發佈「販賣鴉片煙律」[41]，才明確訂出以下罰則：

凡販煙謀利，為首者斬，從者判三等刑。自首減刑一

40　內閣官報局編『法令全書』第一卷（昭和49年復刻），頁133。
41　內閣官報局編『法令全書』第三卷（昭和49年復刻），頁301。

等。

　　誘人吸食者，處絞刑。知情而供予吸食處所者，判三等刑。受誘而吸食者，處徒刑一年。

　　凡收購鴉片而尚未售出，爲首者判三等刑，從者處徒刑三年。購買鴉片吸食者，處徒刑二年半，自首無罪，鴉片煙交官廳沒收。

　　官吏知而不舉者同罪，收賄枉法者重懲不宥。

　　太政官在發佈「販賣鴉片煙律」的同時，亦公告「生鴉片處理規則」[42]，明文規定藥用鴉片的使用，訓示各府藩縣「務必監督各地方官所轄境內人民一一明白無誤」[43]。另外，對外務省下達要求「將本國嚴禁鴉片之法律告諭滯留各港口之支那人，並嚴加監督使其不能暗地吸食買賣」[44]。外務省接到太政官的指示，隨即以中、日兩國語文對滯留在日本國內的中國人發佈以下的告示：

　　鴉片煙自傳入清國以來，流毒害民至甚，於今猶不能捨之。日本政府今新訂防害律例，昭告港埠。在港清國商民爾後或有干犯禁令者，無論程度，必依法究辦，以杜毒源。因之，清國人民中不論嗜食鴉片已久、不能片刻無煙之癮癖者，抑或少量服用之人，悉依嚴禁條例禁止渡來日本國境生

42　同上，頁302。
43　同上，頁302。
44　同上，頁302。

活。然若有近時前來之上述支那人，斟情酌理，對欲斷然絕其嗜癖，遵守嚴禁令者，不在此限。不能斷癖者，應即速遣歸本國。此令周告之後，尚潛伏陰違、忤犯大禁者，無論舊住新渡，一律依法懲處。[45]

此點顯示日本政府採取將中國人視爲鴉片傳染源的措施。之後，隨著明治政府的法制體系逐步完備，關於鴉片的取締法規亦曾做出數次修改。然而，除了形式上有所變化之外，大致上仍繼承著「販賣鴉片煙律」中已見的嚴禁內容。

●哈特雷事件與日本政府

明治政府成立之後，首要工作是修改江戶末期與西洋各國簽訂的不平等條約。1868（明治元）年2月8日，明治政府發佈詔敕，宣示「修改條約爲開國之首要事業」，從此拉開修約的序幕[46]。明治政府的「條約修改事業」曾歷經無數波折才得以完成，其間發生英國商人走私鴉片事件，極度影響日本的鴉片政策和修約工作。

1877（明治10）年12月14日，住在橫濱的英國貿易商約翰・哈特雷（John Hartley）企圖走私生鴉片20磅，然爲橫濱海關查獲。橫濱海關長本野盛亨根據日英條約附加貿易規則第二條，向橫濱的英國領事法庭提出告訴。1878（明治11）年2

45　同上，頁303

46　清澤洌『外交史』（現代文明史第三卷，東洋經濟新報社，昭和16年），頁206-08。

月20日，英國領事法庭以生鴉片可做為藥品進口為由，判決
被告無罪[47]。然而如此一來，生鴉片將會在「藥用」的藉口
下源源輸入而難以遏止，因此日本政府向駐日英國公使帕克
斯（Harry S. Parkes）表示不服判決，雙方進而展開談判。帕克
斯卻指條約的內容不周延，並且主張藥用鴉片為必需品，應
早日制定鴉片進口辦法。於是，談判以失敗告終[48]。但事情
並未到此結束。由於條約規定領事裁判的上訴須經英國國王
特准，並提報國會司法委員會進行，因此日本政府將提請上
訴的書類文件交予駐英全權公使上野景範，訓令上野處理在
英國的上訴工作[49]。

　　1878年1月8日，哈特雷再度企圖將12斤生鴉片攪混在
橡膠中走私進口，又為日本當局查獲。日本政府依相同程序
向英國領事法庭提起告訴，但英國領事法庭卻以其所持鴉片
究係吸食用或藥用的用途不明為由拒絕受理。於是，日本政
府乃將訴狀內容改為「橡膠221磅及吸食用鴉片12斤」，再
向英國領事法庭提出告訴。英領事法庭被迫受理之後，於同
年4月6日下達判決，表示此案的鴉片確屬管制中的吸食用鴉
片，因此視同不法走私，應科處罰金。然而，領事法庭在
判定該案鴉片是做為吸食用途之後，原應將該等鴉片全數燒
毀，但卻認可其中三斤為正當出貨，而涉案的橡膠則認定為

正當運貨，不予沒收，由被告領回[50]。

　　根據當時的貿易規則，輸入日本的貨品均應向海關申報物件內容和價格，若有不實申報，即應予以扣押、沒收，而哈特雷案的判決顯然違反此項規定。由於當時日本國內正興起對「薩（摩）長（州）」藩閥專制政權的不滿，使得英國領事兩次不公正的判決，成為輿論激烈批評藩閥政府的焦點，從而導致哈特雷事件牽連到日本的內政問題。輿論指責藩閥政府為了獨占政權，竟屈從如此屈辱的條約和判決，在此一激烈譴責聲浪下，導致同年5月14日，藩閥政府首領的大久保利通[51]在紀尾井坂為不平士族島田一郎所弒。

　　5月18日，日本政府訓令上野全權公使立即上訴英國國會司法委員會[52]。上野公使為上訴程序問題多方奔走無功，最後面見英國外務次長龐斯福特（Sir Julian Paunceforte）求教。在聆聽上野陳述事件原委之後，龐斯福特認為此等判決極為不當，建議上野直接向外相提訴。他表示：「條約相關事務的處理屬外相職權，若以公開書簡直接向外相提訴，當可免勞法庭之手而獲得解決。」於是，上野在同年6月4日將上訴原委照會外相薩里斯貝利爵士（Lord Salisbury）[53]，結果於次年

50　同上，頁472-75。

51　大久保利通（1830-1878），生於日本薩摩藩（今鹿兒島），與西鄉隆盛及木戶孝允並稱維新三傑，有東洋俾斯麥之稱。大久保死後，日本政府追贈為右大臣、正二位，並為他舉行維新以來第一場國葬，葬於東京青山墓地。——譯者註

52　同上，頁478-79。

53　同上，頁485-86。

1879（明治12）年2月7日得到外相法律顧問的支持，確認哈特雷事件中關於走私鴉片部分的判決不當。另一方面，英政府亦認為有制定藥用鴉片輸入規則的必要，故要求日本盡速寄送新訂規則的複本，以供參考[54]。

在得到判決不當的認定之後，上野公使多次照會英國外相，盼能盡速作出更正處分，但英方卻表示須待其駐日公使送達新訂規則之後才能有所作為，因此遲遲不回應日本的要求[55]。不久，上野公使被召回國，由繼任的臨時代理公使富田鐵之助繼續與英方交涉。在富田多次催促之下，終於迫使英國外務次長在新訂規則送達之後，正式答覆表示目前尚由法律顧問研究中。代理公使富田表示走私案與新訂規則在理論上原是兩回事，不應混為一談，但英國外務次長卻強調兩者有一定程度的關聯，若不一併考慮，將會產生互不相容的情況。在此情況下，富田與英方的交涉一直未能獲得進展[56]。

1879（明治12）年9月，外相寺島宗則辭職，由井上馨繼任。同年11月，井上外相派遣森有禮為駐英全權公使。井上和森氏以修改條約為重，認為上訴英國國會司法委員會已無可為，故決定暫緩上訴，而改採盡可能平穩解決的方針。於是，日本不特意提及哈特雷事件，僅集中於鴉片輸入規則的

---

54 外務省編『日本外交文書』第一二卷（日本國際連合協會，昭和24年），頁409-10。

55 同上，頁412。

56 同上，頁418-19，422-24。

問題，就鴉片輸入規則的起草一事，多次由外務省和英國外相以電訊進行周旋[57]。

於是，哈特雷事件就此草草結束，日本政府只能忍氣吞聲。但在內政上，這次事件成為民間要求撤廢治外法權運動的炮口，輿論批評寺島外相的修約交涉誤國，最後迫其下台。另一方面，哈特雷事件所牽涉的鴉片問題，亦給日本政府及其國民留下深刻的印象，而對鴉片敬而遠之。此點竟是哈特雷事件間接達成的效果，甚至直到其後日本領有台灣之際，在鴉片問題的處理上，都可看到哈特雷事件的影響。

四、東南亞各殖民地的鴉片狀況

早在日本領有台灣以前，荷蘭、英國、法國及葡萄牙等歐洲國家早已各自在東南亞占有殖民地，並對其進行殖民統治，且鴉片收入一直是這些殖民政府財政的一大支柱。此點與清國統治下的台灣並無二致。

自江戶幕府末期開國之後，日本面臨歐美勢力東漸，開始思索如何不受外來勢力影響，以維護日本的獨立性。在此課題下，其中一項思潮即主張藉由「對外發展」來增強國

57　同上，頁426-29。

力，進而確保日本之獨立[58]。岡義武教授將此思想的源流上溯至江戶幕府末年長井雅樂的「航海遠略論」，指出「明治初年的征韓論、出兵台灣、琉球問題……其中所展現的強硬態度……均是出自同樣的意圖」[59]。南進論代表者之一的竹越與三郎所提「殖民地歷史即海運歷史」[60]，「日本人民應關注將太平洋為我湖沼之大業……日本國民的偉大運命盡在此中矣」[61]，當是最明確道出此一思想的主張。

　　雖然日本在江戶末年就出現航海遠略論和南進論[62]，但日本政府當時並未對此抱有明確的目標或準備。例如占有台灣一事，並非甲午戰爭前即有預謀，「即使在開戰之後，帝國政府及帝國海軍仍無領有台灣的議決……直到交戰中的明治27年8月，中村純九郎才以數千言之長卷，切切向當時的海軍軍令部長樺山資紀中將力陳占領台灣之必要」[63]，可知占領台灣並非基於事前計畫的行動。附帶一提的是，中村在甲午戰爭之後，因建議領台之功而被敕選為貴族院議員[64]。

　　從歷史上來看，日本對台灣的兩次軍事行動均為瘧疾所苦，由此可見日本十分欠缺攻台的準備和對台灣的了解。

58　岡義武『近代日本政治史』1（創文社，昭和51年），頁15，30-32，40，115，168-69，187。
59　同前註。
60　竹越与三郎『台灣統治志』（博文館，明治38年），頁2-10。
61　竹越与三郎『南國記』（二酉社，明治43年），頁12。
62　矢野暢『「南進」の系譜』（中央公論社，昭和50年），頁48-60。
63　東半球協會『台灣占領に關する建議』（昭和17年6月），頁1。
64　同前註。

036

1874（明治7）年出兵台灣時，戰死兵士僅12人，而死於瘴疾者竟達561人[65]。雖然有這次因瘴疾造成嚴重損傷的教訓，但在二十年後的領台之役上，日本仍舊重蹈覆轍。在1895（明治28）年的領台之役中，戰死者不過164人，負傷者515人，但病死者竟有4,642人，患者亦達26,094人之譜，可謂損傷相當慘重[66]。

瘴疾的流行是因當時衛生環境惡劣和台灣人普遍缺乏衛生觀念所致[67]。如前所述，鴉片吸食的蔓延亦與瘴疾的流行相關，由於當時台灣人普遍使用鴉片進行自家治療，結果導致吸食鴉片的氾濫。

由於日本自江戶末期以來即嚴禁鴉片，因而使得日人免受鴉片荼毒。但反過來說，和鴉片無緣的日本人卻也成為對鴉片全然無知的民族，此點正如日本人因為過去和瘴疾無緣，從而對瘴疾全然一無所知，結果導致其後深受其苦一般。正因自始就與鴉片全然無涉，使得日後討論台灣鴉片問題的對策時，日本人著實傷透腦筋。

然而，此時西歐諸國早已在東南亞占有各自的殖民地，亦設立各自的鴉片制度。因此，在日後處理台灣鴉片問題時，西歐諸國在這些東南亞殖民地的鴉片制度，等於是為後進殖民國的日本提供參考[68]。

65　山崎繁樹、野上矯介『台灣史』（寶文館，昭和2年），頁263-64。

66　井出季和太『南進台灣史攷』（誠美書閣，昭和18年），頁69。

67　同上，頁68-70。

68　水野遵『台灣阿片處分』（明治31年），頁23。

　　1596年11月，荷人杭特曼（Cornelis de Houtman）指揮四艘武裝商船組成的艦隊，橫越印度洋到達雅加達（當時名為巴達維亞），成立荷屬東印度殖民地。1602年3月，荷蘭組成聯合東印度公司（Vereenighde Oost Indische Compagnie）[69]，建立世界上第一個股份有限公司，並獲得經營荷屬東印度殖民地的特許。荷屬東印度公司為遏制當地人的反抗，以提供鴉片的方式消磨其鬥志，此即成為東南亞食用鴉片的發端。接著，鴉片就以荷屬東印度為發源地，蔓延到東南亞各地，並發展出將鴉片混入煙草吸食的習慣。依荷蘭商人的記載，至少在1617年爪哇當地華僑已有吸食鴉片的情形[70]。

　　1676年，荷蘭政府下令鴉片由東印度公司專賣[71]。其後，為緩和東印度公司的獨占情形，荷屬東印度總督伊姆霍夫（Gustaaf W. Baron Van Imhoff）在1743年5月下令，允許由東印度公司發給執照，交由私人企業的「鴉片協會」經營鴉片貿易[72]。1794年，荷蘭政府因為財政上的考量，再將鴉片改為政府專賣[73]。1809年，有鑑於國際間批評鴉片銷售的壓力，殖民地政府同意在不損及政府鴉片收入的原則下，得委託特許商店承攬鴉片販賣，同時又採取「以價制量」方

69　永積昭『オランダ東インド会社』（近藤出版社，昭和51年），頁42-48。

70　Alfred W. McCoy, "The Politics of Heroin in Southeast Asia", 1972, New York, p. 60.

71　野波靜雄『國際阿片問題』（平凡社，大正14年），頁164。

72　前揭『オランダ東インド会社』，頁177-78。

73　前揭『國際阿片問題』，頁164。

式限縮鴉片的消費量，將鴉片以較高價格交予承攬的特許業者[74]。

鴉片戰爭以後，國際間批評鴉片收益的聲浪越來越高。在輿論的壓力下，1843年以後便有若干地區開始禁售鴉片，1879年更擴大禁煙區域。到了1890年，在爪哇的荷蘭人有識之士組成反對吸食鴉片的團體。在他們的鼓吹推動之下，爪哇和馬都拉島（Pulau Madura）當地開始禁止罌粟的栽培，而鴉片貿易也轉由政府直營[75]。

1894年，以漸禁政策為基礎而制定的鴉片專賣法（Opium Regie）終於出爐，規定鴉片從輸入到製造、販賣都由政府控制、獨占。此項專賣法先在爪哇、馬都拉島兩地實施，然後才漸次擴大施行於荷屬東印度全域[76]。

在荷屬東印度，「一如英國之殖民地，殖民政府無意改變以鴉片收入維持財政之狀況。故其鴉片漸禁主義之政策雖亦逐步施行，然若拋棄鴉片之利，率先奮然逞人道之光環，則為殖民政府所不欲行也。蓋其對自國人民以外之民族的衰亡……絲毫不覺痛癢。」[77]因此，雖然在特許販賣與貿易方面改變政策，但對於殖民地人民的吸食問題，都採「全然放任自由」政策，並未以政府的力量加以限制[78]。當時鴉片收

74　同前註。
75　同前註。
76　同上，頁69-70。
77　同上，頁190。
78　同上，頁164-65。

入對殖民政府財政的貢獻，推測約在10%左右[79]。

　　另一方面，英國在東南亞是採取分割統治的原則，故其東南亞屬地的行政區劃，有如德川幕府的「大名配置」般錯綜複雜。然而，若以計算鴉片收入的方便性來劃分，東南亞的英國屬地大致可區隔成兩個區域，即馬來諸州和緬甸。所謂「馬來諸州」，是海峽殖民地（新加坡、棉蘭、麻六甲、檳城、聖誕島）、馬來聯邦州（霹靂、雪蘭莪、森美蘭、彭亨）、馬來非聯邦州（柔佛、吉打、玻璃市、吉蘭、丁加奴），並包含汶萊州的總稱[80]。在馬來諸州，生鴉片的輸入僅限海峽殖民地，其餘地區一律禁止進口；而海峽殖民地的鴉片進口則屬專賣局的權限，必須先取得專賣局的執照。此外，鴉片煙膏只限在新加坡一地的工廠製造，然後再送至馬來諸州[81]。

　　直到1909年11月為止，馬來諸州的鴉片輸入一直置於特許制度的管理下。亦即，取得英屬東印度公司的特許之後，海峽殖民地的專賣局再將之製成吸食用的鴉片煙膏，然後將特許販賣權售予各地有力華人組成的「行商」。鴉片販賣商同時也是鴉片消費稅的徵收對象，無論鴉片的消費量多少，都須向政府繳納一定金額的消費稅，此即承攬制度。這種制度可謂「純粹的收入主義……政府毋須耗費任何勞力……可

79　同上，頁190。又本節所處理的各國殖民地的鴉片狀況，只限於日本領有台灣前的時期。

80　台灣總督府官房調查課『新嘉坡阿片印度阿片』（昭和3年），頁1。

81　同上，頁2。

坐享巨額之收益」[82]。

馬來諸州對鴉片完全不設任何限制，甚至是「全然放任主義……鴉片消費者多為支那人……鴉片收入占總歲收五成以上，遠遠優於其他任何收入來源。由是觀之，謂殖民政廳因支那（中國）苦力才得續其命脈，蓋非誣言也」[83]。

英國直轄的香港也是因惡名昭彰的鴉片戰爭從中國割讓而得。自此，香港便成為英國向中國（乃至東亞全域）拓展鴉片商業策略的前進基地。在1914年2月以前，英人對香港住民亦設置與馬來諸州相同的特許制度，這種特許制度「專事營利主義，全不考慮吸食鴉片可能造成的毒害……香港政廳大部分的歲收是靠吸鴉片煙者撐持」[84]。於是，英國「依靠鴉片才得以順利經營香港」，自然不會對吸食鴉片的行為做任何的限制[85]。

1884年，法國在確保其在中南半島的立足點後，即於1887年設置印度支那總督府，並開始頒發特許權給徵稅承包商，令其從事鴉片的輸入和販售。因此，印度支那總督府毋須染指鴉片生意，便能坐收鴉片稅利。不過，因為徵稅承包商「以取締走私為名，濫用警察權」的情形頗為嚴重，法國政府於是在1893年將鴉片改為政府專賣[86]。

---

82 前揭『國際阿片問題』，頁166-67。
83 同上，頁167，181-83。
84 同上，頁173。
85 同上，頁187。
86 同上，頁168-69。

　　法國的印度支那總督府因貪圖鴉片之利，對吸食鴉片不予任何限制。在1920年以前，鴉片收入對總歲入的平均值是34.95％，因而有謂「法屬印度支那的鴉片收入萬分貴重」。但前述收入僅為官方統計數字，尚不包含其他附屬於鴉片的相關收入[87]，實際比重應當更高。

　　葡萄牙人自1557年起即定居澳門[88]。在十六世紀以後直到鴉片戰爭之前，澳門一直是葡萄牙人在東洋的傳教基地及貿易中繼站，在廣州經營貿易的西洋商人也常將此地做為「散心」的場所[89]。

　　但工業革命以後，葡萄牙人在海外的勢力急速衰退，澳門成為「可吸食鴉片和公然賭博之地……在貿易圈外苟延殘喘」。在稅金承攬制度下，「鴉片稅和賭博稅約占總收入九成」，而「自鴉片所得的稅金……成為占澳門財政半數以上的重要支柱」[90]。然而，澳門政廳全力掩飾此一不名譽的鴉片收入，故此項數字「幾無可徵之資料……僅能根據總收入額作此推定」[91]。

87　同上，頁192-93。

88　松田毅一『黃金のゴア盛衰記』（中央公論社，昭和49年），頁90-94。

89　在鎖國體制下，正如日本只開放長崎一地，相同地，中國也只開放廣州做為通商口岸。然而，不同於日本只對中國和荷蘭開放的情況，廣州是對任何國家均可一體適用。在廣州的「夷人」和長崎一樣受到各式各樣的限制。譬如為防止夷人攜「夷婦」進入廣州城，外國商人必須將其妻子置於澳門，然後再偶爾從廣州到澳門渡假。參照陳舜臣，『實錄アヘン戰爭』（中央公論社，昭和46年），頁50-55。

90　前揭『國際阿片問題』，頁67-68，174-75，187-88。

91　同上，頁187。

　　如以上所列舉，早在日本領台以前，僅由推定所得之數字顯示，即可窺知歐洲國家在東南亞殖民地的鴉片收入相當可觀。毋庸贅言地，各殖民國家都盡其所能地掩飾他們不人道的鴉片收入。

▎第二章▎

過渡措施與漸禁政策

一、台灣鴉片問題的發端及其影響

　　1895（明治28、光緒21）年4月10日，日本首次面對台灣的鴉片問題。當時是在下關（馬關）講和會議的第四次會談上，由清國全權大使李鴻章所提出[1]。李鴻章之所以提出台灣的鴉片問題，是以「台民大都吸鴉片」為由，企圖打消日本割讓台灣的要求。日本全權公使伊藤博文隨即回應說：「我國日後領台，必禁鴉片。」於是，鴉片問題即圍繞著割台與否的外交談判而登場。

　　如上一章所述，割讓台灣並非日本戰前的預謀，毋寧說是因戰勝而起意的要求。李鴻章為扳回日本這一意料之外的要求，其所作的回覆想必亦非事先預備的台詞。以下即記錄李鴻章與伊藤博文有關割台問題的對答[2]。

　　伊：……我國之兵現正攻往台灣，不知台灣之民如何？
　　李：台灣係潮州（廣東）、漳泉（福建）客民遷住，最為
　　　　強悍！
　　…………

1　大園市藏『台灣事蹟綜覽』第一卷（台灣事蹟研究會，大正8年），頁81-83。

2　同上，頁55-56，75-76，80-82，98-99。

李：貴大臣提及台灣，想終有往踞之心，貴國不願停戰
　　者，其因在此乎？但英國將不甘心……

伊：有損於華者，未必有損於英也。

李：台灣與英之香港爲鄰，恐……

…………

李：聞英國有不願他人盤踞台灣之意。

伊：貴國如將台灣送與別國，別國無不稱謝笑納也！

…………

李：日兵尚未占領台灣全島，何故強吾國讓與？

伊：此係彼此定約商議割讓之事，無涉兵力實際到否。

李：我不肯讓，又將如何？

伊：如所讓之地必須兵力所及，則我兵若深入山東各
　　省，其將如何？

…………

伊：如此，當即遣兵至台灣！

李：我兩國比鄰，不必如此決裂！總須和好！

…………

李：……恕我直言。台灣海濤洶湧，台民強悍，實甚不
　　易取，法國前次攻打尚未得手。

伊：我水陸兵弁，任何苦楚皆願承受。……此點閣下必
　　有所聞。

李：台地瘴氣甚大，曩昔日兵在台傷亡甚多；此即所以
　　台民多吸食鴉片煙，以避瘴氣。

伊：我國日後領台，必禁鴉片。

李：台民吸煙，由來久矣。

伊：鴉片之物未出之前，台灣亦有住民；如我日本嚴令
　　禁絕鴉片進口，台灣當能無一人吸煙。

…………

李：台民戕官聚眾紛攘爲常事，他日不可怪我！

伊：清國一將統治權讓出，即是日本政府之責。

　　不論李鴻章或伊藤博文，兩人之對答僅是外交場合的爭辯，誰也不完全清楚台灣的實情，只各陳述想當然耳之事。然而，伊藤自信滿滿地保證卻引起意想不到的回應，使得日本在領台後處理鴉片問題時更雪上加霜。

　　下關（馬關）和談中有關鴉片的議論，輾轉傳到倫敦的「反鴉片協會」（Anti-Opium Association）。此協會即頒贈「頌德狀」給伊藤首相，稱其爲「現代救世主」，大加褒揚一番[3]。稍後，此協會又向日本駐英公使加藤高明提出如下備忘錄：「……吾等確信，日本國政府禁食鴉片，此賢明恩渥之政略，無疑必予日本國民幸福，增進日本國軍隊之敏快豪氣及武勇。吾等知日本政府今正逐步取得台灣之行政，此際貿易商祈望其商務之延續，原屬必然。印度政府亦應持同一目的而推行此項運動。然此際若英國政府爲該行業之利益提出任何要求，絕無法獲得其國內輿論的支持。……日本自有推其法律政略及其領土之權利，英國人民亦明確認知，絕不容

3　水野遵『台灣阿片處分』（明治3年），頁11。

許英國政府對其所置喙……」[4] 如此，「反鴉片協會」一面
聲援日本政府在台灣嚴禁鴉片的政策，一面呼籲日本政府在
將來面對外國勢力干涉時，當以一個主權國家的確固態度加
以因應。

　　另一方面，台灣武力抵抗陣營卻產生與倫敦反鴉片協
會完全相反的回應。隨著下關（馬關）講和條約的簽訂，當
日本割讓台灣的要求成為事實之後，極力反對割讓的台灣人
宣佈台灣獨立，成立台灣民主國，並以武力抗拒日本領有台
灣[5]。主其事者為了集結所有的力量，乃假造台灣總督府布
告，擬出以下包括禁食鴉片在內的「日本條例」[6]，與「排拒
倭奴」的檄文一起張貼在台灣各寺廟及公共場所。

　　　日本條例　　台灣總督府
　　　　第一條　　斷辮髮
　　　　第二條　　禁鴉片
　　　　第三條　　解纏足
　　　　第四條　　夜不可閉扉
　　　　第五條　　毀竹圍
　　　　第六條　　燒屍為灰
　　　　第七條　　課雞豬稅（以下略）

4　台灣總督府專賣局（松下芳三郎）『台灣阿片志』（大正15年），頁
　54-56。
5　參照黃昭堂『台灣民主國の研究』（東京大學出版會，昭和45年）。
6　前揭『台灣阿片處分』，頁4-5。

台灣人並不是不知道吸食鴉片的惡害，只是爲了煽動對日本的同仇敵愾，才假造此「禁絕鴉片」的日本條例，以吸引和集結鴉片癮者加入抗日戰爭。這個目的，可從檄文的詞句中看出：「台灣讓與之事，業經大清國皇帝公然命令而定，父母之國豈可轉手倭奴……倭奴無由以暴取台。我等必以死禦之……倭奴斷我等辮髮……禁鴉片……徵一隻雞一頭豬之微末稅金。是以我人民戰也亡，不戰亦必亡，不如與之一戰。況倭奴在北清之戰已竭其兵力財力，若俄、法、德三國兵不日前來，我勝利無疑……」[7]

甲午戰爭和談會議上所展開的對鴉片的議論，結果無論是倫敦或台灣方面，都出現令人無法預料的反應，此點使日本政府在面對台灣鴉片問題時，益發困難而棘手。

二、鴉片問題的過渡措施

●鴉片問題的調查

幾乎與設置台灣總督府同時，日本政府隨即展開對台灣鴉片問題的政策籌畫。1895（明治28）年5月3日，伊藤首相在京都下令當時已內定爲台灣總督府民政局長的水野遵，著手

7　同上，頁4。

調查台灣的鴉片問題[8]。

　　在簽訂和約前後，日本國內對台灣鴉片問題進行各種議論。依水野遵日後敘述的回憶顯示，儘管當時「幾乎所有日本人都對鴉片外行」，卻「連市井小民亦熱切地針對鴉片，進行許多不負責任的高談闊論」[9]。

　　日本經營台灣是以軍事鎮壓台人武力抵抗揭開序幕。登陸台灣之後，總督府民政局立刻「以軍隊後勤爲第一優先，普通行政事務只需因應當前之急……得利用此一時期，對鴉片問題進行研究」[10]，而決定在軍務之餘進行鴉片的調查。在這段期間內，後藤新平特地委託從內務省派至台灣總督府的民政局局員鷹崎和渡邊，進行台灣各地的巡迴調查[11]。

　　以民政局局員鷹崎和渡邊爲中心作成的鴉片問題調查報告極爲細密徹底，此報告書日後並以《鴉片事項調查書》之名公開刊行。這原是針對鴉片問題作政策籌畫所實施的調查，而調查結果亦符合素稱「科學的政治家」、高倡「生物學式殖民地經營」的後藤新平的一貫主張。後藤針對這項調查表示：「台灣之歸我領土，鴉片之處理至爲重要，稍有疏忽，將使吾國勝於戰爭而敗於統治，有如重蹈斯巴達之古轍……大凡化民，首須隨其俗，此乃民政之要矣……宜

8　水野遵『台灣阿片處分』（明治31年），頁1。

9　同上，頁2。

10　同上，頁8。

11　參照台灣總督府製藥所『阿片事項調查書』（明治30年）序文。

先詳其習俗，然後方始實行之……」[12]日後的「台灣土地調查」、「台灣舊慣調查」，甚或是滿鐵所作的「華北舊慣調查」等等大規模調查，都是出於同樣的理念，而「鴉片事項調查」正是這些實驗性調查活動的先驅。後藤針對鴉片問題提出的意見書和制度構想等，悉以此《鴉片事項調查書》為憑據。由後藤奠定的治台基本方針亦孕育於此[13]。

　　《鴉片事項調查書》由以下二十八個項目所構成，即「養成喫鴉片煙習癖的歷史脈絡、發佈鴉片輸入禁止令前後之民情、台灣人嚼檳榔子之由來、調查各關稅之輸入、輸入鴉片之地方分配、輸入鴉片搭載之船舶名稱、關稅倉庫之輸入鴉片餘額、鴉片直接輸入者姓名、原料鴉片之走私入境、台秤之量度、原料鴉片之種類及其價格、煙膏之種類及其製造方法與價格、煙膏製造販賣店之實況、喫煙之誘因、喫煙者之百分比、開始喫煙之年齡及其習癖養成之年齡、自宅喫煙者及其家族陷於喫煙習癖之實況、鴉片煙之喫量、供給鴉片給癮者的在地人對政府諭告的情緒、現在鴉片商及鴉片數量、中等階級以上及其以下喫煙方式的差異、喫煙者之親身經驗、台北監獄喫煙囚徒之症狀調查、集體喫煙店之實況、賣淫店之喫煙實況、內含鴉片之成藥種類、栽培罌粟處所、在三處海關倉庫的鴉片量」等[14]。這份有如台灣鴉片問題百科全書的調查報告書，恐怕直到今日仍是世界上無能出其右

12　同上。

13　同上，參照目次。

14　同上，參照目次。

的系統性調查報告。

對日人的防遏措施及對台民的懷柔

　　1895年5月10日，在發佈因俄、法、德、三國干涉而歸還遼東半島的詔敕的同一日，海軍大將樺山資紀被授任為台灣總督。在任命樺山的同時，伊藤首相亦頒佈關於接收及統治台灣的訓令[15]。訓令上特別提及台灣鴉片問題。亦即，「鴉片煙一事──新領土施政上之一大害物，即鴉片煙矣。與施行新政同時，應依我國與締盟諸國之條約明文，廣向島民公佈嚴禁鴉片煙之意旨。然需明訂寬限期間，於道義上應予業者處理商品之緩衝期。況且此事關乎英國商業至為重大，不可不慎思遠謀。」

　　另一方面，當日本政府正在摸索如何處理台人熾烈的武力抵抗和研商鴉片問題的對策時，樺山總督恐怕在台日人也沾染吸食鴉片的劣習，甚至最後會將此毒害波及日本內地，於是在登陸台灣後隨即於同年7月6日發佈「台灣人民軍事處分令」的「諭示」。其中，針對吸食鴉片有如下的規定[16]：

　　第一條　台灣人若有下列行為者，判處死刑。

15　伊藤博文編『秘書類纂　台灣資料』（原書房，昭和45年復刻），頁434-39。山邊健太郎編『台灣（一）』（現代史資料〔21〕所收，みすず書房，昭和46年），頁ⅧSX。

16　藤崎濟之助『台灣史と樺山大將』（國史刊行會，昭和元年），頁852-54，879-82。

第八項　給予大日本國軍人、軍屬、其他從軍者鴉片煙
　　　　及吸食器具，及提供吸食場所者。

這個有如秋霜烈日般的嚴格規定，僅在於防範日軍相
關人員吸食鴉片，至於台灣人吸食鴉片則不在此限。樺山總
督同時發佈以下「租稅蠲免之諭示」[17]，欲藉此懷柔台灣人
民。

台灣各島已歸大日本帝國所管……我大皇帝至仁至德，
尤深軫念爾等民瘼。特詔令臣資紀，除海關諸稅及官租外，
蠲免本年全台澎湖各地民間之錢糧諸稅……帝德昊天，爾等
士民一體知悉，當恭奉聖旨，勵精盡瘁，以圖報效命。

然而，諸設措施並未減少台灣人的武力抵抗。同月30
日，水野民政局長因此特別發表內部命令，命基隆支廳長伊
集院彥吉，針對台灣人吸食鴉片、結辮、纏足等事宜，「曉
諭屬下官員在前述民俗上不可妄自輕率發表可能傷及人民情
感之談話」[18]，刻意不在鴉片問題上刺激台灣人。樺山總督
更於同年9月7日向日本軍相關人士發佈嚴禁吸食鴉片的「告
諭」[19]，警告他們：「若有……相率成俗，禍殃鄉國之事，

17　同上，頁799-800。

18　台灣總督府警務局『台灣總督府警察沿革誌』第二編（領台以後の治安狀
　　況）上卷（昭和13年），頁741。

19　前揭『台灣史と樺山大將』，頁880-83。

實爲邦家千歲之大患矣。各部團隊長應杜漸防微，莫使從屬
人員沉浸於此惡習爲是。」

　　有鑑於在台的日本平民日增，樺山總督於同年11月17日
又公佈「台灣住民刑罰令」。其中第二十四條繼承此前「台
灣人民軍事處分令」第一條第八項的要旨，只是這次不僅
規範日本軍人，亦一併適用於普通日本人[20]。翌日，樺山總
督向大本營拍發電報，言「此際全島歸於平安」[21]。諷刺的
是，台灣人的武力抵抗亦在此時開始轉爲全面性的游擊作
戰[22]。爲了因應此種困難的情勢，總督府參謀長大島久直陸
軍少將在兩天後發佈內牒，旨在暫不追究觸犯「台灣住民刑
罰令」的鴉片罪犯[23]。依據內牒的內容，吸食鴉片的台灣人
自不待言，連提供在台日人鴉片煙、器具或吸食場所的台灣
人，亦暫不追究其罪，目的是不希望在鴉片問題上刺激台灣
人。

　　如此諸般防遏日本人吸食鴉片的措施，最終獲得全面的
成效。另一方面，此種做法極其有效地緩和因受僞造的「日
本條例」煽動而興起的台人抗爭。水野民政局長安心地說：
「鴉片問題雖尚未全面平定，然我政府在淡水海關公開徵收
輸入稅，故採寬容外國商人販煙、本島土人暗中製造及吸食

20　同上，頁882-83。

21　同上，頁840。

22　許世楷『日本統治下の台灣』（東京大學出版會，昭和47年），頁
　　74-75。前揭『台灣史と樺山大將』，頁841-42。

23　台灣經世新報社『台灣大年表』（昭和7年），頁15-16。

鴉片煙之態度後，島民對我政府之疑訝大減，而彼日本條例教唆之效力亦爲之減少。」[24]如此，台灣總督府雖然成功地防堵在台日本人不受鴉片的污染，但伊藤首相最初對樺山總督的訓令中所要求的「嚴禁鴉片煙之旨」，卻被全然忽略而形同具文。

三、非禁論與嚴禁論

雖然伊藤首相在下關（馬關）講和會議上發下「日後據台，必禁鴉片」的豪語，但日本統治台灣後，從公佈「台灣鴉片令」到實行爲止的這段期間，仍默許台灣人吸食鴉片的行爲。如同先前所述，其目的乃是爲順利推動對台的軍事占領和統治。這段時期的主要方針在於堅決防遏日本人吸食鴉片，並盡量避免給予台灣人不必要的刺激。

另一方面，伴隨著統治台灣的確立，日本國內針對鴉片問題的種種辯論正如火如荼地上演。這些議論主要分成嚴禁論、漸禁論和非禁論三種[25]。主張嚴禁論者占絕大多數，當時「內地各新聞的評論均同聲主張絕對禁制鴉片，甚有高倡

---

24 前揭『台灣阿片處分』，頁7。

25 井出季和太『南進台灣史攷』（誠美書閣，昭和18年），頁74-75。藤崎濟之助『台灣史と樺山大將』（國史刊行會，昭和元年），頁833。山崎繁樹、野山矯介『台灣史』（寶文館，昭和2年），頁357-59。

放逐台島上支那人種，使台島煙害平靖之論者」、「法學家
從國法出發，衛生學者從唯恐煙害傳向內地之考量出發，均
主張嚴禁鴉片」[26]。

　　非禁論則主張放任台灣人長久以來吸食鴉片的習慣。此
主張的論據在後藤新平「關於台灣島鴉片制度意見書」[27]中
稍有提及。他說：「近來通曉清國或台灣事情者，往往反對
鴉片煙禁制說，倡言異議。」該意見書中並對此作如下的整
理介紹：

一、即令不禁鴉片，亦非人人必嗜之。清國國內並非所
　　有國民皆喫煙一事便為明證。

二、清國人中富豪、強健、勤勉者亦不少。證明毋須為
　　防止國民懶惰疲憊而禁鴉片。

三、鴉片煙並非嘗試一回旋即成癖。反之，初試時只覺
　　不適，最終自發性捨棄者亦不在少數。

四、雖是清國人，但倡言鴉片有害者亦不少，且稍具教
　　育者即能自動排拒鴉片。因此，任之出於自衛而嚴
　　拒鴉片，則鴉片亦無害矣。

五、台灣土民喫鴉片煙已成習癖，倘介猝然禁之，將大
　　害其健康，反有性命之危。

26　水野遵『台灣阿片處分』（明治31年），頁8-9。
27　鶴見祐輔，『後藤新平』第一卷（後藤新平伯傳記編纂會，昭和12年），
　　頁880-84。

　　此外，當時另一位提倡非禁論的主要代表人物田口卯吉，則從不同的立場論述他的觀點。

　　支那人種原不求衣服飲食之美，不辨政治善惡，只管勞動積貯財貨。與此種民族競爭理應十分困難，然若自政府觀之，此等人實爲誠善之納稅者；自其主人或供給者觀之，此等人實爲勤作善事之牛馬。吾人毋須教牛馬習吾人之語、行吾人同一之風俗習慣。況且支那人並不以結辮、吸鴉片爲惡。[28]

　　這種非禁論，彷彿是在討論無關痛癢的他人之事，並未立基於台灣爲日本統治之領土的見地，根本已與幕末開國以來固守的鴉片嚴禁政策背道而馳，並且伊藤首相已在下關講和會議上公開聲明禁絕鴉片，非禁論的主張自無被採用的可能，再加上非禁論只算少數意見，故決定政策時自然被剔除在考慮之外。

　　與非禁論相對地，嚴禁論主張即刻禁絕鴉片，且得到最普遍的認同，是日本國內的主流意見。嚴禁論和漸禁論皆以撲滅吸食鴉片劣習爲最終目標，差別在於前者較爲急進，後者則將鴉片的禁絕期望於較遠的將來。

　　嚴禁論的代表爲當時內務省衛生局局員加藤尚志的「台

28　田口卯吉「大國民の度量」，『東京經濟雜誌』第七九〇號所收（ 東京經濟雜誌社，明治28年9月），頁372。

灣島鴉片取締之件」[29]意見書。1895（明治28）年7月25日，加藤的意見書經由衛生行政的大家長與專齋呈遞給水野民政局長，主張即刻對台灣禁絕鴉片，以免吸食鴉片之惡習傳到日本國內。

　　台灣新入我國版圖……其人民從來即於支那老帝國治下，嗜鴉片煙甚於寶愛其性命。今若放漫縱行，惡習將延及本州，其害不能測……依近時報上所登台灣現況，該地人民頻向我人夫等勸食鴉片煙。下等無智之人夫等遇此勸誘，遂一度試之，若得終生難忘之快味，以之薦予甲，甲傳予乙，乙傳予丙，丙傳予丁，如此遞移，甚至將此惡習帶至本州，其感染力之甚，一如霍亂者也……難保他日成為第二之支那國……於今，屬行鴉片之取締最為緊要……毒害有波及我皇赤子之虞，豈容游移躊躇。今日之要，實在「斷」之一字也……

　　加藤的意見書所代表的嚴禁論，在當時得到極為熱烈的回應，促使台灣總督府對日本人採取前述嚴格的防遏措施。然而，鴉片政策的立案責任者水野民政局長卻根據實地經驗，提出與嚴禁論相反的主張。他認為「雖說吸煙之嗜好較

29　加藤尚志「台灣島阿片取締ノ件」（國會圖書館憲政資料室所藏『後藤新平關係文書』，「台灣民政長官時代」第一四九號，所收）。台灣總督府專賣局（松下芳三郎）『台灣阿片志』（台灣日日新報社，大正15年），頁30-33。

之飲酒酷甚，內地下等無智者等亦斷無轉飲酒之嗜好而爲吸食鴉片之事」[30]，並舉出若干理由進行反駁：

第一、內地人性急，不能悠然躺臥暗室內長時間夢遊。第二、煙氣爲奇臭之一種，內地人不堪忍聞。第三、飲酒與吸煙不能兩立，大醉之後不興吸煙之嗜欲。第四、一日之煙量至少需一刄，其價約以十錢計，應不若濁酒一杯既廉且快。況吸食鴉片爲大罪之識已根固我等內地人腦內，懼怕鴉片實已成內地人之第二天性矣。[31]

總括來說，水野認爲飲酒和吸鴉片根本上是相剋的，兩者不能並存，故習慣飲酒的日本人不可能去吸鴉片。飲酒和吸鴉片的關係雖然至今尚未有科學的證明[32]，但水野的意見當時在台灣卻是被廣爲接受的見解。水野並補充道：「直至今日（1898年3月），內地尚無一人因鴉片煙而犯罪，實乃意外之福」[33]，藉此加強其見解的確實性。雖則有無出現犯罪者，全看檢舉制度的寬嚴，然而事實卻是：「嚴禁論者最是恐懼的吸食鴉片劣習，即使在施行漸禁政策後仍未曾傳入日

30　前揭『台灣阿片處分』，頁14。

31　同上，頁14-25。

32　與此有關地，後藤新平於1896（明治29）年6月，以總督府衛生顧問的身分視察台灣衛生情況，回京後提出意見書，主張以酒、煙代替吸食鴉片的惡習，以及將酒類、煙草免稅。此一論點即是基於酒和鴉片相剋的見解。參照前揭『後藤新平』第一卷，頁899-900。

33　前揭『台灣阿片處分』，頁15。

本國內。」從此點看來，水野的主張或許並非全無道理。

　　雖然「酒與鴉片相剋論」沒有科學的依據，但對於反駁
喧囂一時的嚴禁論——主要目的在防範吸食鴉片惡習蔓延到
日本內地——卻具有十足的說服力。依其說法：「日本人是
酒的國民。日本人的酒和鴉片無法相容。飲酒者一旦使用鴉
片，會立即引發嘔吐。鴉片癮者若喝酒，亦會招致同樣的反
應。酒和鴉片原為敵讎。」[34]如此一來，嚴禁論便完全失去
存在的基礎。

　　民政局既是政府制訂鴉片政策的事務單位，又站在「酒
與鴉片相剋論」的立場，因此樺山總督偏向這一方面的意
見。他說：「日本帝國之名譽雖在於貫徹所謂禁鴉片之博愛
公道主義」，但「不應做急遽之禁遏」。於是，他下令民政
局調查外國的先例，並提出可行的政策方針。民政局以之前
的鴉片事項調查為基礎，並參考東南亞各殖民地的鴉片制度
後，提出以下六項簡約的報告[35]：

　　一、以明治30年5月8日台灣住民決定去留之日為期，嚴
　　　　禁鴉片。
　　二、此後七年為嚴禁鴉片之期限。
　　三、藉課徵禁止性重稅，以達嚴禁之目的。
　　四、逐次遞減輸入斤量，以達嚴禁之目的。

34　荒川淺吉『阿片の認識』（昭和18年），頁164。

35　前揭『台灣阿片處分』，頁22-23。

五、給予特定商人鴉片專賣特許，並向總督府繳納特許
　　金。

六、使鴉片成為總督府之專賣。

　　針對上述六項意見，水野一一評論。他說：「如第一
項和第二項，設定禁止鴉片之期限，毫無道理地設定自即日
起二年或七年間等，終究是延後處分鴉片之時期，豈可得禁
煙之效果？第三及第四之方法雖看似可行，但以當時之警力
及兵力，是否能防遏走私進口？若走私無法防遏，則依此法
仍不可得禁止之目的。第五項為英領殖民地所施行之法，政
府計畫若出於如英國般靈巧之殖民地政略，則其手續亦十分
簡便，且政府可收多額之稅金，而走私之事自有專賣特許者
為之搜索防遏。其法雖甚妙，但不能立即移往我台灣施行
之……我以禁鴉片為終極之目的，彼以收利及綏撫人心為首
要，而置禁止之事於度外。第六項為達成禁止目的，乃頗為
適切之法，除此以外別無其他良策。」水野認為政府專賣鴉
片是最好的辦法，「然政府出售之手續如何訂定，又鴉片舖
的配置量應為多少？取締吸食者多少總有難處，切勿使事態
更為雜煩」。雖然如此，水野認為除此以外並無更好的提
案，因此決定「大致上暫採此案」[36]。

　　雖然圍繞著鴉片政策的論爭並未因此劃上休止符，但依
制訂政策的實質責任者的判斷，台灣總督府實施專賣是為上

36　同上，頁24。

策，這在政策的最後決定上有著十分重大的階段性意義。

四、漸禁政策

●漸禁政策的確立

　　1895（明治28）年12月，水野「費時六月後，終得窺知在台鴉片煙之實相，由是益加確信嚴禁論之有害而無益」，從而「暫定政策採取漸禁案」，並上京覆命[37]。當時嚴禁論的主張仍占絕大多數，水野的處境十分艱辛。照他的說法是：「持漸禁說無異懷冰投火般處於水深火熱之中。」他在台灣事務局[38]及帝國議會大力主張漸禁論，但都遭到沉重的反擊，甚至被攻訐為：「貽害國家百年者，非君莫是。」[39]

　　然而，水野並未因而屈服，他一再向台灣事務局伊藤總裁申稟：「欲禁絕鴉片，終究難為……若無穩當對應之策，統治台灣誠難事矣」[40]；「誠如所知，土民之嗜鴉片乃倍於酒食，若政府猶以絕對嚴禁土民吸食鴉片為施政方針，

37　水野遵『台灣阿片處分』（明治31年），頁18、22。

38　台灣事務局是日本領有台灣後，以內閣總理大臣為總裁，加上相關各省大臣、次官和局長為委員所組成。是決定台灣統治政策、制度的最高機關。山崎丹照『外地統治機構の研究』（高山書院，昭和18年），頁14-16。

39　前揭『台灣阿片處分』，頁26。

40　前揭『後藤新平』第一卷，頁879。

則必生事端。於此情形下執行職務是為不可能，只好求准辭任。」[41]水野直截了當地以辭任迫使伊藤總裁對是否禁絕鴉片做選擇。最後，伊藤接受水野的意見，要求台灣事務局各委員重新考慮。當時，只有內務大臣野村靖贊同這份意見，並下令衛生局局長後藤新平提出意見書。

如前所見，後藤位居全國衛生行政的最高地位，並且已擁有台灣鴉片問題的第一手資料。他針對總督府民政局的「鴉片事項調查」表示「其所掌握之資料，吾亦大致齊備」[42]。因此，他主張解決鴉片問題必須以得自台灣的正確資訊為基礎：「鴉片之禁絕是人道問題。禁絕鴉片遠較內地之禁酒、禁煙等尤為困難，故如斷禁論等主張為甚是淺薄之見。宜由政府製造吸食用鴉片，並由政府販售之。以鴉片所得收入充為在台衛生事業設備資金，方是最穩健之策。」[43]野村所著眼的便是包括此種財政考量觀點的漸禁論。

後藤在接到野村內務大臣的命令後，迅速作成「關於台灣島鴉片制度意見書」，並於同年12月14日上呈伊藤總裁[44]。以這份意見書的提出為契機，「如在日本殖民地史上擘劃一新紀元……造就（後藤）先生自內務行政轉進統治台

41　宿利重一『兒玉源太郎』（國際日本協會，昭和18年6月四版），頁324。

42　參照台灣總督府製藥所『阿片事項調查書』（明治30年）序文。

43　橫澤次郎「後藤伯と台灣の阿片制度」，三井邦太郎編『吾等の知れる後藤新平伯』所收（東洋協會，昭和4年），頁169。

44　台灣總督府專賣局（松下芳三郎）『台灣阿片志』（台灣日日新報社，大正15年），頁33。

灣殖民行政之機緣，成爲使先生身列日本殖民政治家首位之
要因」[45]。

　　「關於台灣島鴉片制度意見書」[46]併述嚴禁論（第一案）
和漸禁論（第二案），鋪陳此兩說的理論架構，並在表面上力
諫嚴禁的必要性。以下爲第一案的內容。

　　一俟戡定土寇，應即與內地同樣嚴禁喫鴉片煙，否則
一味姑息，將遺千載之憾也。縱令有少數不平之徒陰謀暴
動，亦當以兵力鎮壓之；即令關稅收入有數十萬之損失，亦
當貫徹嚴禁，毫無反顧。竊以爲此際爲斷然嚴禁鴉片之至佳
時機……見近來無拘我國禁令之嚴，暗地試食鴉片之軍役人
夫等漸次增多……恐其弊害亦將於不察間蔓延國內，終至
難除……不待論者即知嚴禁之所宜。……此是爲卑見之第一
案。

　　這個「第一案」的意見，和以往嚴禁論的主張並無太多
差異，均計畫使台灣如日本內地一般嚴禁吸食鴉片。然而，
後藤認爲此點須先了解以下問題：

　　一、島民之長老輩自陳……對吾等早成習癖之人言之，
　　　　鴉片之驟然遭禁，生存之快事亦全般喪失矣。與其

45　前揭『後藤新平』第一卷，頁872。
46　同上，頁880-84。

置餘生於久長之苦痛，不若即刻速死爲快。

二、倘使嚴禁台灣島民喫鴉片煙，將遭民情極大反抗，有礙其心服帝國之統治，終不免土寇蜂起生事。是以，若欲嚴禁之，須常駐兩個師以上之兵團，犧牲數千之性命，否則即便藉兵力施以威壓，亦不能達其目的也。

三、爲行一鴉片制度，須廣設兵力，廣籌經費，並犧牲眾多之性命，尚且有害島民連年之和平。若此，則增領土、謀殖民之兵政，豈爲當宜之施政乎？

後藤新平在意見書中如此強調嚴禁論空礙難行之處。因此，「第一案」莫若說是以往嚴禁論的要點整理，用以做爲提出第二案的預先佈局。換句話說，第一案不過僅是第二案的代案。

後藤在提出第二案之前，先講明第二案的設置是由於第一案「在實行上有困難」所致，其意見亦較第一案更爲具體。第二案的要點如下：

一、依國內現行制度，鴉片全交由政府專賣，禁止自由貿易通商，並於今日起置於衛生警察轄下。如此，將可大大昭示政府之威信。

二、鴉片買賣採類似國內現行制度，即於台灣島內置鴉片特許藥鋪，藥用鴉片以外之買賣一律禁止。

三、有喫煙習癖不能中止者，確已罹患鴉片中毒症，除

以毒制毒外，別無救藥。僅限經醫師診斷爲罹患中
毒症者，政府發給特定發行之簿摺，准其隨時向鴉
片特許藥舖購買鴉片。

四、鴉片輸入稅高達八十萬圓，由此可知其需求量之
巨。然若將之專賣，以禁止稅之意而能倍增爲輸
入稅額三倍之價，經鴉片特許藥舖售與持有政府發
行簿摺者，做爲吸食之用。如此其需求者漸次減
少，得收防杜青年子弟罹陷之癖之效，亦增國庫
一百六十萬圓之收入。

五、此一百六十萬圓與慣常之輸入稅八十萬圓，則年收
應在二百四十萬圓以上。此金額充爲台灣地區殖民
衛生上所費之資，是爲依據所謂生存競爭原理，利
導以毒制毒之自然定則也。當可轉有害健康之禍源
爲益增國民之福祉。

六、教育青年兒童明白禁絕鴉片煙害爲急務。由是，
除載入各小學校教本外，教學上亦須全力貫注此精
神。

　　這個第二案（同時也是漸禁案）是以台灣總督府民政局爲
中心，參考台灣和東南亞各殖民地的鴉片事項調查報告，並
攙和日本國內的鴉片制度之後所研擬的成果。後藤在第二案
的末尾附言：「儘管此法於實施上尙有多少障礙，若能搭配
合宜之處置，毋枉國法，竊信此案當較其餘諸策易行。」從
這段話可以推知，後藤眞正的意見應是漸禁案無疑。其後，

彷彿在聲援後藤的漸禁主張一般，就在後藤提出意見書之後兩天（同年12月16日），軍醫總監（軍事衛生的最高負責人）石黑忠悳亦向台灣事務局提出以鴉片漸禁論為要旨的「新領地台灣之鴉片意見」[47]。石黑總監表示：「……我軍自入台以來，幸得我陸軍衛生官綿密之報告，方於其概況多所詳悉，據此而成我在台軍民之衛生計畫……夫鴉片煙之害，非立時所能見，又不同於霍亂、黑死病等朝罹夕斃之急劇，因之常人不以為意，但以我等專門之眼熟察之，其害之浩大，非傳染病所可比擬……設若政略萬一嚴禁法不可行，可設鴉片專賣法，甚或鴉片煙取締法止之……」石黑總監試圖從實際負責衛生規畫的專家角度，聲援後藤的漸禁論。

台灣事務局委員會討論後藤的意見書之後，決定採取第二案，並於翌日（1896年2月3日）由伊藤總裁將此結果呈報內閣。內閣通過此案後，立即將此旨傳達樺山總督[48]。於是，自下關講和會議以來，始終反反覆覆的台灣鴉片問題的論爭，到此總算是塵埃落定。

在此之後，鴉片政策論爭實際上仍持續一段時間，甚至發展出你來我往的唇槍舌戰。例如在將漸禁政策具體化時，大藏大臣渡邊國武痛罵：「設置製藥所製造國法所禁止的鴉片，這是圖謀毒害國家！後藤這廝是國賊！」後藤反駁道：「不管此政策是否有錯，都絕無在改為日本統治之後，即將

47　石黑忠悳「新領地台灣ニ於ケル阿片意見」，伊藤博文編『秘書類纂　台灣資料』所收（原書房，昭和45年復刻），頁62-67。

48　前揭『台灣阿片志』，頁42。

土人們長久延續的習慣驟然截止之理。尤其鴉片問題關乎島民的生死，非比一般問題。若因此（嚴禁─作者）乍然喪失島民生命，豈不啻謀殺天皇子民？此反而是令人驚怖的國賊！」[49]雖然嚴禁論仍然頑強地反撲，但無論如何，漸禁政策終究不再被更動。

　　選擇漸禁政策的日本政府，強調其政策決定是基於對鴉片癮者的人道考量。這雖是漸禁論的主要理論，但從另一方面觀之，決定採行漸禁政策，同時也意味著將無視鴉片可能對日本國內造成的污染。這正是嚴禁論者最感不安的。漸禁論者可能是深信「酒與鴉片相剋論」和「日本人是酒國國民」之說，因此在這一點上十分放心。這從開始施行鴉片專賣制度之後，亦未曾限制鴉片吸食特許者前往日本國內旅行，可以清楚看出漸禁論者的這種心理[50]。

　　若將人道問題排除在外的話，則漸禁政策對日本政府有許多好處。此點只要將後藤意見書的第一案和第二案稍加比較即可明瞭。第一，不需為鎮壓鴉片吸食者的抗爭，而於數年間在台灣派駐兩個師團以上的經常性兵力，亦無需冒可能犧牲半數以上兵力的潛在危險。第二，藉由鴉片專賣，每年還可獲得二百四十萬圓的收入。

49　館森鴻「後藤棲霞伯」，前揭『吾等の知れる後藤新平伯』所收（頁26-27）。

50　在漸禁政策具體化之後，鴉片專賣制度對長期吸食之特許者並未限制其吸食場所。只有在1907年（明治40年）6月，長期吸食鴉片之特許者受到東洋協會的邀請到內地旅行時，日本政府基於行政指導而予以限制。前揭『台灣阿片志』，頁391。

日本領有台灣初始，由於經營台灣需要的各項支出和軍事費用不斷增加，形成一般會計上莫大的財政負擔，而從台灣本身又難以獲得可預期的財政收入。在此種情況下，鴉片所能提供的二百四十萬圓預期收入，便具有相當的誘惑力，簡直可算是總督府的救命仙丹[51]。鴉片政策之所以能以漸禁政策定案，亦是當時日本財政環境下的一個必然趨勢。

●漸禁政策的具體化

其後，後藤新平再應總督府的要求，於同年3月23日提出「關於台灣島施行鴉片制度意見書」[52]，將漸禁政策加以具體化。這份意見書極為詳細，分為前文、鴉片行政機關、鴉片警察施行方法、鴉片財政、附言五章，於官制和定額的配置、鴉片收入的用途、告諭的大意、特許吸食者的許可及簿摺樣式等，都詳細地記述，可說是鴉片專賣制度的基本藍圖。

意見書的前文中有如下的警告：「欲實行此第二案（漸禁案—作者），以兵力代警力而期能舉嚴禁鴉片之績，則必明察其事之至難，派任堅忍不拔之人，以期十年之功，始得著手於此。若偷一日之苟安，眩惑現時之收入，其新領民或將竊喜此苟且之政策。因此，行政切忌僅求便易速捷，企圖輕

---

51 如後所述，台灣在1896（明治29）年度的歲入是965萬圓，其中從中央國庫補助694萬圓。實施鴉片專賣制度後，鴉片收入較後藤原先所推測的增加很多。

52 前揭『後藤新平』第一卷，頁885-94。

舉其事，蓋委政於此輩而誤此政策，最爲余所懼。」

在鴉片行政機關方面，「主要機關是以鴉片事務官、巡視官、警察官、醫師組成之鴉片事務局，並應附設製藥所」，其設定目的爲：「嚴禁吸食鴉片，唯老癮者得以醫藥之用而特許之，並預防新得習癖之弊。凡五十年後，盡絕其跡。」

後藤構想使鴉片事務行政機關成爲一個獨立的行政單位，並兼爲一個治安對策的機構。在他的意見書中，對此有所描述：

應爲獨立行政單位之理由，非只因此事業乃台灣行政之重要事項，更因其成功與否，關乎本國之威信，且征服全島之功可舉與否，亦繫於此。因之，爲使負此重責……特設爲一單位而在各部之上，別具價值大要矣。

此獨立單位的規畫，立即發展成在台灣總督府中設立「與民政局同級」的「台灣衛生院」的構想[53]。雖然最後未能付諸實行，然從其中稍能看出後藤之鴉片制度構想的宏偉。日後將鴉片制度歸於警察管轄業務的做法，正是發軔於此。

施行鴉片警察的方法分爲二十四個項目，構成鴉片制度的主幹。爲免與以上內容重複，僅列其要點如下：

53　前揭「後藤伯と台灣の阿片制度」，頁173-74。前揭『後藤新平』第一卷，頁898-900。

一、佈告嚴禁吸食鴉片之制……為達此一目的，第一，
於自宅吸食鴉片者……應予嚴禁。必於各地公設一
定之場所，使其只得於此公設煙店吸食之，方為取
締上最為利便者也。第二，若無法嚴禁自宅之吸
食，可與特許證加以區別，規定自宅吸食之特許費
用數倍於附設煙店吸食者，必迫其僅能於賣煙店吸
食之。

二、限制鴉片煙特許證所有者，方得發給鴉片購入簿
摺。

三、特許證、簿摺均須課以賦稅。

四、為闡明此係出於保護之義而非以收稅為目的，當悉
用總督府鴉片事務局或衛生部之名，切勿以收稅官
署之名，免示收斂之意。

五、除賣煙店以外，提出申請買賣吸食鴉片者，須設相
當取締規則以規範之，始准其買賣。

六、應設置鴉片巡視官或警察官，隨時臨檢賣煙店及吸
食用鴉片藥鋪。

七、老癮者之診斷，應於本法（台灣鴉片令─作者）施行
後一年間完成。在此期間，由醫師巡迴診斷之。期
滿後若再有自稱老癮者乞求診斷，一概不理。

八、清國人非經嚴禁喫煙之宣誓，不可移住台灣。

九、設立鴉片營業行會，訂立密告走私並犯罪者之方
案。

十、新得鴉片習癖而證據確鑿者，制設嚴刑。

其次，吾人由「諭告之大意」規格之高，顯現後藤對台灣鴉片制度的素志，與歐洲各國在東南亞的鴉片制度有著根本的差異。

嚴禁吸食鴉片乃至仁至慈之制。非獨保護現住民之健康，更開永世子孫昌隆之基。然以台灣從來之習俗，多年吸食鴉片至陷於老癮者多矣。此仁慈之新制應憫老癮者不堪目下之苦……奉陛下至仁至慈之聖旨，體察大政府施政之主義，行一時權宜之處置，於佈告鴉片嚴禁之制時，一併制訂對老癮者之特典。當悉體此趣旨無有所違……

在「鴉片財政」一章中，後藤再次強調：「今後至少有二百萬圓之數入，加上鴉片癮者之特許證及簿摺課金，應可另有百萬圓之收入，合計為三百萬圓之實收。在得見鴉片制度成功之前，此實際收益切不可充用於台灣之一般行政費……若常以鴉片收入充抵別項行政費用，恐因財政上之融通，致鴉片制度蔓生難言之弊害……」

在意見書的最後「附言」中，後藤指出：「每年作成鴉片行政上相關之報告書，知其制度之實況是為最必要者」，並預測「三十年乃至五十年後，始見漸禁式嚴禁策略之效」。

以上是「關於台灣島施行鴉片制度意見書」的概要。換言之，其要旨乃在漸禁政策的基礎上構想具體的鴉片專賣制度。或許因為在意嚴禁論者仍然熾烈的反對聲浪，意見書

中不只一次地強調：此制度是在嚴禁原則下的「一時權宜處置」。然而讀過意見書之後，值得留意的是：對老癮者的鴉片專賣制度（即所謂的「一時權宜處置」），預估將維持三十年乃至五十年，而每年因此有三百萬圓的實收可期，並且限定鴉片收入僅可做爲台灣衛生支出使用。除此之外，意見書未稍觸及對老癮者的救濟或矯正工作，僅揭示行政目的在於防止新吸食者的產生。雖說每年三百萬圓的鴉片收入，將充作衛生費用，卻不設「鴉片專賣制度特別會計」加以審度，令人不得不懷疑是否眞能有效地限制鴉片收入的用途。

　　姑且不論日後推行的實況如何，單僅後藤新平的鴉片專賣制度不放任台民吸食鴉片，亦極力防範新的吸食者產生這一點，若與十九世紀末東南亞各殖民地營利性質的鴉片制度相較，無論如何是更爲嶄新的構想。另外，在方法上主張每一年度製作鴉片行政報告書，亦是相當科學的做法。

五、對外國鴉片商人之處置

　　1895（明治28）年6月2日，樺山總督與中國全權代表李經方在基隆港外的「橫濱丸」上，完成台灣和澎湖列島的接收儀式。當日，水野民政局長即向駐在台灣的各國領事發佈聲明：「以日本皇帝陛下之名，日本國領有台灣澎湖及其所屬土地，並執行其一切行政事務。同時，對居住於管轄內之外

國人，本國深盼提供力所能及之保護。」另一方面，代理外
務大臣西園寺公望亦於同年7月19日，向各國公使發佈日本
領有台灣及澎湖列島的宣言[54]。日本領有台灣在國際法上所
需要的一切手續至此全部完成。

　　在此之前，伊藤首相曾向樺山總督下達訓令。其中，特
別針對外交事項提醒如下：「居留於台灣之外國人士不少。
清國既失對台主權，我國自毋須繼承清國與各國簽定條約，
然外國人士以往於舊港埠之自由居留及……所受待遇，我國
政府之首要乃在安泰彼心，切應格外戒慎新領土上之外交事
務。」[55]這或許是在三國干涉還遼的緊張外交情勢下所作的
考量。因此，水野民政局長在向各領事聲明領有台灣的同
時，亦保證「於帝國政府有所宣示之前，暫襲支那清國政府
之例規，亦認可各外國商人於港埠內之營業」[56]，盡可能避
免與外國商人產生不必要的摩擦。附帶一提的是，這些外國
商人不但經手台灣一半以上的鴉片進口[57]，且對下關講和會
議以來的情報亦瞭如指掌[58]。

　　此外，就在幾近決定採取漸禁政策時，日本政府於1896
（明治29）年1月29日，對與日本有條約關係的各國政府發佈

54　藤崎濟之助『台灣史と樺山大將』（國史刊行會，昭和元年），頁779。

55　伊藤博文編『秘書類纂　台灣資料』（原書房，昭和45年復刻），頁
　　437。

56　水野遵『台灣阿片處分』（明治31年），頁33。

57　台灣總督府製藥所『阿片事項調查書』（明治30年），頁61-63。

58　黃昭堂『台灣民主國の研究』（東京大學出版會，昭和45年），頁49。

以下宣言：「台灣雖有情形較爲特殊之處，但於台灣居住或往來之各盟國臣民及船舶，仍應盡可能適用日本帝國與各盟國間現有之通商、航海條約及其諸般協定……當遵守在台常行之法令。」[59]

同年2月22日，台灣總督府民政局根據中央政府的訓令，通告駐台的各國領事上述宣言的意旨，並命令各海關在「此命令到達之翌日，應對外國人於港內出入之船舶及貨物適用現行條約之規定；本國人則適用關稅法及關稅規則。但於查命令告示期日前，自外國港口出港之船舶，或自外國港口裝船之貨物，得依舊例辦理」[60]。

不管是日本政府或台灣總督府，或許都認爲只要將現行條約施行於台灣地區，台灣大概就會如同幕末以來的日本內地一般，自然斷絕鴉片的輸入。對情報迅速的外國商人（尤其是鴉片商人）而言，他們當然不會不明白日本政府的意圖。水野回想當時的情況說道：「（明治）28年7、8月以來……外國商人可謂遭逢奇蹟……鴉片在禁止輸入後賣價高騰……爲博暴利，外國商人極盡法規所容之限度……極盡其資力所能……極迅捷且多量地自香港及廈門輸入鴉片。」鴉片自外地瘋狂流入的結果，一時之間台灣的鴉片存貨已經到達滿溢的邊緣，香港的鴉片銷路卻一逕轉惡，因此「香港的貨主透過香港政廳，要求日本政府嚴禁走私的行動……日本政府形

59　台灣總督府專賣局（松下芳三郎）『台灣阿片志』（台灣日日新報社，大正15年），頁57-58。

60　同上，頁58。

同默許支那船隻無限制輸入鴉片」，可見其情況甚至已到「肆無忌憚放言攻擊的程度」[61]。

另一方面，由於日本政府的宣言及總督府的通告都未明言嚴禁鴉片輸入的意旨，因此駐在台灣的各國領事乃針對此點向總督府提出質問，並抗議日本政府禁止輸入的措施[62]。以英國領事為例。同年2月27日，駐在台南的英國領事哈斯特（J. Harst）以電報質問民政局長：「關於22日電報中之鴉片輸入，所置限制多少？急請答覆。」民政局隨即以電報回覆：「依宣言內容所示，本月23日以後嚴禁所有鴉片輸入台灣。然先前海關庫存之貨物，及23日前自外國港口裝送之貨物，仍可依舊例辦理。」英國領事當日再次向民政局長抗議，並要求暫緩禁止的措施。他表示：「拜讀貴電，與素來之保證多所矛盾，甚感意外。此事關係英國人之利害甚鉅。關於日方驟然中止商業上之既成交易，使吾等蒙受重大損失，並受急遽處分一事，在此聲明嚴重異議。盼於外交談判協約未定之前，暫緩禁止之制。急請答覆。」此一事態正如倫敦反鴉片協會過去向加藤公使所提出的預警一般。翌日，總督府相關人員答以：「禁止輸入鴉片一事是基於帝國政府宣言之自然結果，貴方聲請暫延禁止輸入鴉片之議，礙難應允。」明白拒絕與其協議此事。

各國領事的質問和抗議絕非因為事前不知日本政府及台

---

61 前揭『台灣阿片處分』，頁41-42。

62 前揭『台灣阿片志』，頁57-60。

灣總督府的鴉片政策，或是不了解伴隨該鴉片政策而訂出的處分。他們的目的毋寧說是或多或少出於想為自國鴉片商人謀求額外利益的心理，並趁此機會為將來一旦發生鴉片糾紛時，事先做好有利於外交交涉的佈局。

在發生英國領事抗議事件的2月23日以後，英國的鴉片運輸船塞勒斯號（Thales）和福爾摩沙號（Formosa）[63]一如往常運送鴉片前往台灣。3月1日，塞勒斯號運載22,900斤（相當於297,700圓）的鴉片進入台灣南部的安平港；接著，福爾摩沙號亦於3月6日運載17,200斤（時價223,600圓）的鴉片進入北部的淡水港。福爾摩沙號的鴉片因為能夠提出確實係於2月23日以前在波斯裝貨，經香港再輸入淡水的證明書，因此獲准將鴉片卸置於海關倉庫；但塞勒斯號由於明顯是2月23日以後才自香港裝貨，因此不但不准其卸貨，更被命令須原船駛離安平港[64]。

塞勒斯號遵照日方命令，原船載著鴉片駛離。但英國領事哈斯特立刻拍發電報向台灣總督陳明：「由於本官於2月29日始通知英國商人有關禁輸鴉片之事，而塞勒斯號之鴉片於接獲通知前，方自香港和廈門裝載……是以懇請訓命海關，得使塞勒斯號折返台灣，並准其卸下先前裝載之鴉片。若此，可稍減因驟然下達之激烈禁制令所蒙受之損失。」[65]遲延通知英國商人本應是英國領事難辭其咎的責任，哈斯特

63　前揭『阿片事項調查書』，頁59。

64　前揭『台灣阿片志』，頁60-61。

65　同上，頁61。

卻反而以此爲由，在日本政府下令禁輸鴉片之後，仍要求輸入鴉片的許可。對此，由於水野局長當時正巧回東京覆命，乃由牧朴眞代理局長回電英國領事，表示只要塞勒斯號能提出於禁止期限前自外國港口離港的證據，即可准予輸入[66]。

　　然而，當塞勒斯號於3月16日再次進入安平港時，卻與總督府的官憲發生爭執。另一方面，英國領事亦於同月21日致函台灣總督：「依駐東京英國公使之訓令，在日本政府通知禁止鴉片之前，該積載船隻已取得該公使之許可通牒……關於所裝載鴉片入港許可一事，拙見以爲2月23日以前駛往台灣之船隻，絕無離港後即要求出示證據之理，且據香港知事致駐東京英國公使電報，繼塞勒斯號之後自香港起錨之汽船福爾摩沙號，卻毋須證據即得卸貨淡水。淡水、台南間規則相異如斯，令人莫名所以。敝人竊望閣下即刻命令安平海關，於前函之塞勒斯號卸貨鴉片一事，允酌免呈別證，使自由處理該貨品。」該函末了之處並附加「以上相關事項須呈報英國公使，急請回覆」，間接暗示英方已在東京展開外交折衝[67]。

　　正於東京覆命的水野民政局長接獲牧代理局長的緊急報告後，衡量日本當時的外交環境，翌日向牧代理局長下達妥協的方針。該訓令指示：「先前自淡水入港之福爾摩沙號，以及此次自安平入港之塞勒斯號輸入鴉片一事，係於彼等未

66　同上註。

67　同上註。

知曉嚴禁之制時出貨,雖非自波斯前來,當亦許可此兩船之貨物輸入無礙。」[68]

在台灣與英商直接交涉的牧代理局長認為如此敷衍了事的妥協太不合理,於是在24日再次向水野局長請命,指稱:「塞勒斯號2月23日自安平啓航,福爾摩沙號2月24日自淡水啓航……應無不知禁止輸入鴉片之理。縱令香港及廈門商人不知,駐台之輸入者既然負責海關事宜,豈有不知之事。既知禁制之事,則辯稱不知之託詞於理難成。況與上述兩船……具同樣情事者有之,如亦應給特別許可。敬候回覆。」對於此點,水野覆電道:「若有相同情事者,應提附調查報告。」[69]

同年4月8日,牧代理局長向水野局長報告調查結果指出:「……具相同情事者……英汽船康摩號運來鴉片七箱……英商博特商社亦自新加坡經香港廈門來台……當時自廈門啓航之英汽船海隆號向本島輸入鴉片40箱……均未事先取得證明……」水野回電指示:「彼等亦特許其輸入鴉片無妨。」[70]然而,在處理英國鴉片商事件的同時,德國鴉片商曼尼(Mannich)商社也和總督府發生相同的衝突。德商亦試圖透過外交交涉解決,日本政府在此卻採取和英商完全不同的處置。此事如實地展現當時德國和英國國力的懸殊,頗耐人尋味。

---

68 同上註。

69 同上,頁61-62。

70 同上,頁62。

　　同年3月1日，德國駐台領事渥德（G. Wold）向牧代理局長呈遞帶有要脅意味的書簡：「致上書簡所欲表明者……有云現行條約應盡其可能悉數施及台灣，推想上述鴉片輸入一事亦當如此。然德意志商會曼尼商社已切結鴉片輸入契約，其買賣攸關商會之利害，本官因此申述貴局，宜予上述商品（鴉片－譯註）一定之寬限，使曼尼商社得以完結其契約，否則難期現有條約之順利施行。」同月3日，總督府派遣外事課長杉村濬口頭回覆渥德領事：「鴉片輸入之禁，係基於帝國政府對台島宣言之自然結果，是以貴領事之請求，恕難應允。」[71]

　　但在同年6月23日，德國領事突然向水野致送書函，開門見山地表明：「關於曼尼商社因鴉片輸入禁止而蒙受損害一事，敝國東京公使已以電報訓令本官，務將此件交付訴訟……特此稟承。」此一書函是要暗示水野：德方正在東京進行外交折衝。同時，彼又因知悉英船福爾摩沙號和塞勒斯號之事，特意援例指稱：「2月25日，香港各銀行已謝絕對前往台灣之鴉片匯款，儘管如此，塞勒斯號仍如應航往安平，」說明「曼尼商社與英人舉止之異僅只一點，即前者即刻遵奉禁令，後者概將禁令等閒視之。甚至於當年四月中，尚有英商博特商社輸入若干鴉片卸貨淡水之事。」因此，「今於此申述仰待損害賠償之請，損害額結算書猶留置本官手邊，切望德意志商人可如同英商之免蒙損害。」渥德意在

71　同上，頁62-63。

警告日方：德國考慮提起損害賠償訴訟。換言之，此事將可能進入領事裁判[72]。

　　總督府收到德國領事的書函後，立刻派遣外事課長杉村向德國領事渥德要求「中止彼此爭論性的交涉，希望平心靜氣地進行商討」，而渥德亦表示願意接受。此處所謂「平心靜氣地商討」，實際上是總督府以高於時價的價格再加上必要經費，買下德國鴉片商已在外國訂約的60箱鴉片。同年7月27日，渥德通知水野局長道：「謹申曼尼商社鴉片損失一事。依該商社之報告，此事未上公庭即告圓滿落幕……」從這封信的內容看來，德商鴉片事件至此大致已獲得解決[73]。

　　因日本政府決定將禁止鴉片輸入的現行條約適用於台灣，從而引發與外國商人或外國官憲進行交涉的問題，在此終於告一段落。然而，由於上述鴉片禁輸宣言的發佈，使得台灣島民亦預期可能會禁止鴉片的輸入，因而為滿足自家吸食而紛紛大量購買鴉片積存（依水野局長的回憶）。換言之，當時台灣人視鴉片為可居之奇貨，早自1895年7月起即購買鴉片大量囤積，結果導致台灣「鴉片的實際買賣一年之內幾乎絕跡……外商投機進口之鴉片無甚銷路」[74]，外國商人進口的大宗鴉片只能閒置於倉庫。於是，這個問題再度成為外交交涉的對象。

　　亦即，外國商人不認為這是自己投機錯誤買進的過失，

72　同上，頁63。

73　同上，頁63-65。

74　前揭『台灣阿片處分』，頁41-42。

反而於1896年7月22日聯名致函英國領事，控稱：「自日本政府於2月起禁止鴉片輸入台灣島以來，吾等亦期於此禁令發佈以後，日本政府將確實查禁鴉片輸入。然此禁令僅擇蒸汽船實施，而支那（清國）之戎克船……卻可得卸貨鴉片……致走私鴉片數量大增，且可預知將來應益加猖獗……海關吏員對汽船之輸出入、各貨物之課稅及查驗詳實費心，對沿海各處停泊之戎克船動作則全無注意。推想此事或可為駐東京英使之參考。」[75]在此信函中，將鴉片滯銷歸咎於來自中國的走私，控訴總督府官憲坐視走私鴉片不顧，且期待英國就此問題在東京與日本進行外交交涉。

英國公使撒托（Ernest M. Satow）接獲來自台灣的報告後，於同年8月21日致書外相西園寺，指出：「支那之戎克船密謀……走私鴉片一事……在台港埠之英商等遵照關稅規則繳納輸入稅，卻有支那人無稅走私同款貨物，大傷英商等之營利，促請閣下多方注意。……若可查明確實原委，盼能施以適當之處分，使之斷絕。」亦即，撒托公使為了確保英國鴉片商人的利益，要求日本政府予以協助配合[76]。

同年9月23日，由於英國公使提出上述聲請，當時的拓務大臣高島鞆之助乃訓令台灣總督桂太郎：「台島英商不滿沿岸各處存在恆常性走私一事……此事已由英國公使致函外務大臣，汝當詮議各方進行調查，就其意見予以照會。」[77]

75　前揭『台灣阿片志』，頁69。

76　同上，頁68。

77　同上，頁67-68。

這個訓令暴露當時日本的怯懦和國力的虛弱，從其全然不關心自清治時期以來即占台灣歲收極大部分的鴉片關稅收入，卻僅考量英國商人的苦衷來看，相當令人玩味。

另一方面，為了滯銷而苦惱萬分的鴉片商人，對總督府向曼尼商社買進鴉片一事始終耿耿於懷。在他們的遊說下，英國領事於同年9月11日致函水野局長，表示：「關乎去年7月……鴉片……輸入一事，敝人已報告本國駐東京公使。特此知會貴局長。」首先挑明英方已做好循外交途徑解決的準備。其次，英國領事再提及：「上述輸入使市場價格陡生顯著波動，總督府關於此事之計畫以及將來鴉片販賣特許事宜之意見如何，請予賜教……至於因不明瞭貴局將來之計畫，致鴉片之販賣產生窒礙之處，貴局預計如何買收，還請告知，幸甚。」[78]

此函並由英國領事呈遞駐日英國公使，又自英國公使轉給日本外務大臣，再由外務大臣轉給拓務大臣，最後由拓務大臣以訓令下達給台灣總督。同月21日，台灣總督對拓務大臣說明道：「……關於鴉片購入一事，嘗於本島輸入鴉片之英國商人似心懷妒嫉……英領事……向民政局長……申述英國商人之不滿，質疑總督府何以獨向曼尼商社，簽約購入鴉片。今因總督府之鴉片輸入，致英商等持有之鴉片價格下跌，蒙受相當之損害，以及將來歸總督府專賣之情況下，上述英商所持有之鴉片預計如何處置等三點……畢竟英商之不

78　同上，頁66。

滿，第一、英德兩商社於本島勢力相當，諸事競爭，如今先著一步購入德商之鴉片，竊對英商甚感遺憾。第二、今春禁止輸入後又特准英商輸入若干箱鴉片，結果至今仍無法完售（外商說詞為走私之故，使價格下跌無法售出），若將來全由總督府自行輸入、製造免稅鴉片，彼等之滯貨勢必益失賣途。彼等掛念於此，遂多方巧設藉口，提呈領事，其後更循上提呈駐東京公使候察。」[79]

簡言之，英國鴉片商人與做為其後盾的英國官憲，一律將1896（明治29）年後半台灣鴉片價格下跌與庫存過剩的情形，都歸因於走私和總督府購買德商鴉片的結果。然而，事實上其起因不啻是英國商人自身的貪欲所造成。台灣的鴉片吸食者因為禁止吸食和嚴禁輸入鴉片等風聲，早已貯藏囤積大量鴉片；在禁止輸入的命令生效後，英國的鴉片貨船塞勒斯號和福爾摩沙號又干犯禁令，強行輸入巨額鴉片；在日本根據漸禁政策制定鴉片專賣制度後，鴉片吸食者已了解可向總督府購買鴉片煙膏，再無貯藏鴉片的必要。或許這些才是價格下跌和鴉片過剩的真正原因。

然而，由於英國的強硬施壓，加上當時三國干涉還遼的震撼，以及正熱烈進行修約談判的外交環境，另也考慮到，即使是在專賣制度下，亦有輸入鴉片的必要，日本政府最後仍然不得不決定買下外國人（特別是英國人）的所有生鴉片。經過多次的價格交涉，1897（明治30）年5月26日，日本政府

79　同上，頁65-66。

084

一共買下約280箱的鴉片。藉由此種全面讓步的做法，棘手
的外國鴉片商問題才得以「安穩結束」[80]。

80　同上，頁78-82。

一、鴉片專賣制度的創設

●鴉片煙膏的製造

樺山總督從台灣事務局伊藤總裁接獲決定採行漸禁政策的通知後，立即著手籌備漸禁政策的執行工作。1896（明治29）年2月26日，台灣總督府向台灣人發佈以下的「告示」[1]。

大日本國與歐美訂盟各國間成立之現行條約，即日起施行於台灣。過去曾轉運及輸入台灣各港埠關稅之鴉片，今起一律嚴禁進入台灣地域。然島人積習已久，一朝止之，恐有危其性命之虞，將來政府應置一定之規則，准予鴉片做醫藥使用，盼汝等克體本總督之意。

此告示是第一次針對台灣人吸食鴉片問題發佈的公文書，遣詞用字都經過許多的考量。表面上昭示將於台灣適用日本與各國簽訂的現行條約，至於鴉片專賣甚至課徵鴉片禁止稅等則略而不提，僅表明未來將由總督府供應做醫療使用的鴉片。對於這項告示的效果，水野民政局長有如此的評

[1] 井出季和太『台灣治績志』（台灣日日新報社，昭和12年），頁243。

價：「自去年六月以來，疑懼驚恐之島人今皆寬心，民心已大趨穩靜。」[2]

　　次月，總督府委託後藤新平擔任總督府衛生顧問[3]，負責籌畫創設鴉片專賣制度及其他行政事務。此外，總督府並以同年下半季（即10月1日）爲期，開始進行實施鴉片專賣制度的準備工作，甚至在同年度的歲收預算中，先行列入相當大的一筆鴉片收入[4]。

　　後藤接下衛生顧問的職位後，便推薦曾被稱爲嚴禁論開路先鋒的加藤尚志，擔任台灣總督府製藥所[5]所長[6]。加藤擔任製藥所所長的同時，亦兼任總督府民政局衛生課的職務，進行實施鴉片專賣制度的準備。此後，加藤有如後藤新平的左右手，成爲漸禁政策的直接推手。

　　同年度，總督府撥出一百七十三萬餘圓的預算，做爲設置製藥所（即鴉片煙膏製造所）及其當年的各項支出經費。然而在經費之外，現實上仍存在著難以克服的狀況。水野回憶道：「退一步想，我帝國臣民中無人知悉鴉片製造法，則當

2　水野遵『台灣阿片處分』（明治31年），頁36。

3　鶴見祐輔『後藤新平』第一卷（後藤新平伯傳記編纂會，昭和12年），頁895。台灣總督府專賣局（松下芳三郎）『台灣阿片志』（台灣日日新報社，大正15年），頁54。

4　前揭『台灣阿片處分』，頁48。

5　台灣總督府製藥所於1896（明治29）年4月1日設立，是將生鴉片製成吸食用鴉片煙膏的機關。借用「製藥所」這個名字，是因爲將鴉片癮者視做中毒患者，將鴉片煙膏以醫藥用鴉片供給癮者。前揭『台灣阿片志』，頁241-42。前揭『台灣阿片處分』，頁42-43。

6　前揭『台灣阿片處分』，頁40。

如何專賣管控？當年政府官員皆曾對此問題深感苦惱。」[7]
日本人對鴉片的不熟悉，由下列烏龍事件可見一斑。亦即，
「有一天，擔任海岸防衛的警官倉皇來報，聲稱發現走私的
爆裂彈。待前往檢視，竟是形似彈丸的固狀生鴉片，眾人紛
紛苦笑。」[8]這段插曲令水野啼笑皆非。由此可見，當時日本
人對鴉片的常識是多麼地貧乏！

　　加藤所長率同技師大中太一郎及製藥所所員，於4月11
日抵台赴任，並隨即開始不眠不休的調查研究工作，以使鴉
片專賣制度能依預定於10月1日起實施。大中技師擔任製造
鴉片的工作。他首先調查台灣人的傳統製法，雇用台灣人技
工，在其宿舍內著手試製[9]。

　　同年六月，製藥所的辦公廳舍和工廠建成，試製的研
究便轉移此處進行。製藥所「定量分析島人素來販賣之煙膏
的主要成份，在積累多日之研究後終於做出試製品，並參考
眾多島人吸食者對試製結果之品評」，於10月1日確定現代
化的鴉片煙膏製法，並立即由日本人開始正式生產鴉片煙
膏[10]。

　　在開始製造鴉片煙膏之前，製藥所相關人員竭盡七個

7　同上，頁42-43。

8　竹越与三郎『台灣統治志』（博文館，明治38年），頁263。

9　加藤尚志『台灣ニ於ケル阿片』（明治30年9月11日台北淡水館における
　　講演記錄），頁17-18。

10　前揭『台灣阿片志』，頁241-42。前揭『台灣ニ於ケル阿片』，頁
　　18-19。

月的勞苦，此點象徵著日本治台之初所經歷的困難。這些相
關人員「憑文明與學問之力進行研究，則如何玄祕之製法，
亦無不可探知之事。況鴉片之爲物，能得製於無知無識之島
人，益堅定我製藥之決心」[11]。然而，正如加藤曾在演講中
提到的，語言上的障礙是最大難題。「台灣是爲言語不通之
新領土，諸調查需中介通譯、副通譯。而島人狡獪，不道實
情，漫言蜜語，常有費時半日仍不得問答要領之事……其疲
苦難以名狀。」[12]

　　就語言障礙的問題而言，當時日本人皆誤認台人懂中國
話（北京官話），理所當然地認爲只要有懂中國話的通譯，
即能在台灣應付有餘。但出乎意料之外地，幾乎所有台灣人
都不懂中國話。雙方在交談時，必須採用懂中國話的台灣人
做副通譯，先和日本人的中國話通譯以中國話溝通，再各自
傳譯爲日本話或台灣話，如此才能使日本人和台灣人進行對
話。此種極無效率的「通譯政治」[13]產生許多誤會與曲解，
自是不言可喻。

　　相應於鴉片煙膏的製造，製藥所對鴉片等級的名稱亦煞
費苦心，「鑑於本島素來之種類，將之分成三等，並定名爲
福煙（一等）、祿煙（二等）、壽煙（三等）」。製藥所對於定
名的依據，說明如下：「只因稱呼之易，且土人耳目已習慣

11　前揭『台灣阿片處分』，頁43。

12　前揭『台灣ニ於ケル阿片』，頁19。

13　許世楷『日本統治下の台灣』（東京大學出版會，昭和47年），頁99。

福、祿、壽之文字也。」[14]從嚴禁鴉片的精神看來，以此種宛若健康食品般的名稱來命名，不禁令人感到些許扞格之處。

　　無論如何，在現代化的大量生產下，製藥所的鴉片煙膏價格亦被大幅壓低。加藤所長曾針對1897（明治30）年度鴉片收入的暴利，向總督府相關人員做如下的報告：「於現今之吸食者，8月末以前煙膏銷售額凡三十萬圓，而到目前為止（9月11日—作者），支出不滿六萬圓。」[15]

●鴉片令之制定與實施

　　總督府在設置製藥所的同時，亦積極進行鴉片專賣制度的立法作業。專賣制度的草案在6月底便已擬出，預計10月1日起正式實施。但為求更臻完善，復由總督府法務部長高野孟矩、內務部長杉村濬、參事官仁禮敬之等加以增補修改，結果因求慎重其事，未能如期於10月1日實施。遲至翌年（1897年，明治30年）1月21日，總督府方以「台灣鴉片令」[16]之名公佈。

　　此項被讚譽為「舉世無雙、空前絕後」的鴉片法令[17]，共十四條，其後更經過數度修改，但其基本原則並未有任何更動。此項最初的鴉片令要旨如下：

14　前揭『台灣ニ於ケル阿片』，頁21-22。

15　同上，頁33。

16　外務省條約局『律令總覽』（昭和30年），頁55。

17　當鴉片令公佈時，總督府曾譯成英語介紹予各國，從而博得各國的讚賞。前揭『台灣ニ於ケル阿片』，頁11。

一、鴉片全由政府專賣，任何人均不得輸入或製造。

二、無特許者不得買賣、接受或持有鴉片。

三、僅有被認定為鴉片癮者，方得發給特許證，特許其
　　吸食鴉片。

四、輸入、製造鴉片，或私自販賣、讓渡、交換、貸與
　　者，處五年以下之嚴重禁錮或五千圓以下之罰金。

五、混合重製政府銷售之鴉片煙膏，或買賣、讓與、交
　　換、貸與重製混合之鴉片者，處三年以下之嚴重禁
　　錮或三千圓以下之罰金。

六、為製造鴉片而栽培或持有罌粟者，處兩年以下之嚴
　　重禁錮或兩千圓以下罰金。

七、未獲特許而出借吸食場所或器具者，處四年以下之
　　嚴重禁錮或四千圓以下之罰金。

八、未獲特許而吸食鴉片煙膏者，處三年以下之嚴重禁
　　錮或三千圓以下之罰金。

　　從以上要旨可以看出，鴉片令的罰則均並列自由刑與財
產刑，一年的自由刑相當於一千圓的財產刑，兩者的換算十
分規律。這或許是出於方便換算的考量。

　　總督府規定鴉片令於4月1日起實施。同年3月中，總督
府又相繼制定「台灣鴉片令施行規則」、「鴉片令施行手
續」、「鴉片癮者證明手續」、「鴉片取締細則」等鴉片令
的相關附屬法規[18]。為運作鴉片專賣制度（即取締工作和事務行
政），並使鴉片營業能夠順利圓滿，這些法律上的措施實屬

必要。但在另一方面，隨著漸禁政策的逐步揭示，卻缺乏關於鴉片癮者的救濟或矯正等法律措施，單只著眼於防止新的吸食人口出現，而未積極減少既有的鴉片癮者。相反地，總督府明確規畫負責專賣制度各業務的官廳。如鴉片的營業許可與營業者的選考等歸屬各縣警部；吸食、營業者的特許費和手續費的徵收則歸屬各縣財務部等。

　　將特許費與手續費的徵收歸屬於各縣財務部的職權之下，顯然是過早放棄後藤新平的理想。後藤在「關於台灣島施行鴉片制度意見書」中主張：「爲闡明此係出於保護之義而非以收稅爲目的，當悉用總督府鴉片事務局或衛生部之名，切勿以收稅官署之名，免示收斂之意。」

　　在總督府爲施行鴉片令而陸續公佈相關法規時，當時的台灣總督乃木希典向各地方首長發送出以下的訓示[19]：

　　鴉片令初行之際，必有不少誤觸法令者，是以應囑各官廳於巨大精微之處多所留意，期防患未然，毋使觸法。縱萬一有觸法之嫌疑者，與其失於嚴厲，寧秉寬容之旨，於法律可准之限，說勸曉諭，促其悛改。尤其應使之履行相當手續，俾使所爲終可不加追究。然該當長官宜體余先所陳之趣旨，能爲寬大之處置。謹先將此旨訓示部下。

18　藤崎濟之助『台灣史と樺山大將』（國史刊行會，昭和元年），頁97。前揭『台灣阿片志』，頁99-101，127-30。

19　前揭『台灣史と樺山大將』，頁84。

　　此訓示考慮到當時的治安狀況，要求下屬於施行鴉片令時應格外謹慎。乃木總督內心深處或許出於擔憂已持續數百年吸食鴉片劣習的台灣人，會因一紙鴉片令而引發大量的鴉片犯罪，使治安益趨惡化。不料，這份訓令卻引發後藤新平對乃木總督的誤解。據當時的記載，「後藤伯以爲……乃木總督對施行此鴉片制度之態度頗爲冷淡」，憤而提出「表明卸任衛生顧問之辭呈」，此事導致當時的總督祕書官幾至崩潰[20]。

　　在鴉片令第十二條中，規畫實行步驟爲「因其利便區劃各地，每地依序行之」，正是考慮當時治安狀況所做的規畫。治安若失去掌控，鴉片專賣制度亦不得施行。因此，4月1日鴉片令首先於總督府所在地的台北市街實施，然後漸次推及各地。同年12月中，鴉片令終於施及台灣全島[21]。

　　較此稍早，在鴉片令剛施行後不久的5月8日，正是日清和約（馬關條約）中規定的「台灣島人抉擇去留之日」。當時，「一如往常，里巷間衍生諸般謠言，謂台人若歸化爲日本人，須斷辮髮、解纏足、納入籍費三千兩，且多課租稅。」在滿天謠言下，「某些地方惑於謠言，雖出於無奈，仍賣盡家財，一意離開台島者有之，又各地亦多少有所動

20　橫澤次郎「後藤伯と台灣の阿片制度」，三井邦太郎編『吾等の知れる後藤新平伯』所收（東洋協會，昭和4年），頁174。

21　大藏省『明治大正財政史』第一九卷（財政經濟學會，昭和15年），頁846。

搖」，其時的台灣處於惶惶不安的景況[22]。

乃木總督為安撫台灣人的不安，派遣民政局長水野巡迴全島，「到各地聚集當地父老紳士，講述天恩之優渥及總督施政之方針」，並將演說內容的大意譯成漢文發給各地台民，其中特別對鴉片煙有如此的說明：

> 鴉片之流毒，人皆知之，然耽溺此者，至於身家毀喪，尚猶不知醒也，鴉片其毒之可怖，莫甚於此。我總督府對此之方針已公佈各地，未習喫煙者一律嚴禁之；已習喫煙習癖者，限驟然禁之將危性命之人，准其喫煙如故。

關於此舉的效果，水野回顧道：「藉副通譯以台語傳達至彼等之耳，屢見老者迎來安心微笑之神色。」[23]

從當時台灣治安狀況或國籍選擇限期前後之動向來看，乃木總督配合創設鴉片專賣制度而採取的措施可說是十分適切。

另一方面，同年9月11日，鴉片專賣制度的負責人加藤製藥所所長針對鴉片制度的施行狀況和鴉片收入，做成如下的初步報告：「本制度迄今於施行區域所及之人口幾達五十萬，相當全島人口數五分之一，其中吸食鴉片人口約三萬餘……若以此比例推算……不出最初預計之十五萬吸食人

22　前揭『台灣阿片處分』，頁57。

23　同上，頁57-58。

口。」[24]此十五萬人的預估數字和後述吸食鴉片人數的確實統計數字極為相近，顯現先前鴉片事項調查的準確。加藤再補充道：「今後若吸食人口之預計數字確為十五萬……則一年三百六十萬圓收益非屬難事。」[25]此金額較後藤在「關於台灣島施行鴉片制度意見書」中預測的每年三百萬圓實收還要豐厚。以當時（1897年度）台灣的財政規模（1130萬圓）觀之，鴉片收入在財政上確實具有極大的魅力[26]。

　　1897（明治30）年底，鴉片令雖然已普遍施及台灣全島，但當時的治安狀況僅「鐵路沿線等道路、警署、弁務署所在地等稍可維持安定，而距以上地點不過數町之村落，其情形尚與戰時無異，若非巡查五六名並攜銃砲，則不能出入，此狀況比比皆然……如此當可明白鴉片令實施之困蹇……故此制應隨警力之普及，漸次厲行」[27]。此點顯示在徹底推行鴉片令或者達到鴉片收入的預訂目標之前，其先決條件是能夠完全掌握台灣的治安狀況。欲達此一步驟，須待兒玉源太郎總督與後藤民政長官（即兒玉與後藤搭檔）的粉墨登場。

24　前揭『台灣ニ於ケル阿片』，頁13-14。

25　同上，頁33。

26　1897（明治30）年度決算中的歲入總計為1128萬3265圓，其中一般會計的補助金有59萬5048圓。前揭『明治大正財政史』第一九卷，頁917。

27　前揭『台灣ニ於ケル阿片』，頁43。

●原料鴉片的供應

　　日本領台前，台灣使用的原料鴉片悉爲輸入品，產地來自印度、波斯、土耳其和中國。其中，土耳其鴉片由於嗎啡含量高，又因其於乾燥後塊狀輸出，故不適合做成吸食用煙膏，而僅於醫療上使用[28]。

　　印度鴉片俗稱「大土」，是吸食用煙膏原料中的極品。「大土」又分爲「班加鴉片」（Bengal opium）與「麻哇鴉片」（Malwa opium）兩種。班加鴉片自1779年起由英屬東印度公司專賣，因此也稱爲「公班」（Company opium）。若依其生產地命名，又可區別成「帕特那」（Patna）與「貝那雷斯」（Benares）兩類（音譯－譯註）。班加鴉片因是東印度公司的專賣品，「有一定的形狀、品質和重量，且因固定包裝，買賣之際毋勞開箱（檢查－作者註）……品質優良，香味幽佳，是爲煙膏原料之上品」。麻哇鴉片是印度中部王族領地的產品，品質或重量並不固定[29]。

　　波斯產鴉片的種類相當繁多，統稱爲「小土」。因其常用紅紙包裝再以絲線紮纏，也被稱作「盤帕」（Paper，音譯－譯註）。中國產的鴉片大多冠以各自的產地名稱，但輸入台灣最多的是雲南鴉片和四川鴉片，分別稱爲「雲南土」、「四川土」。此外，波斯鴉片或中國鴉片的品質、重量或包

28　台灣總督府製藥所『阿片事項調查書』（明治30年8月），頁45。

29　前揭『台灣阿片志』，頁159。衛藤瀋吉『近代中國政治史研究』（東京大學出版會，昭和43年），頁94-95。

裝規格並不固定,因此不如印度產「公班」的信譽卓著[30]。

附帶一提的是,主要生產國的生鴉片中,其嗎啡含量大致如下[31]。

土耳其產	15.0-17.0%
波斯產	10.0-12.5%
印度產	9.0-10.0%
中國產	7.0- 7.5%

土耳其或波斯產的鴉片,其嗎啡含量雖然較印度鴉片為高,但因缺乏香氣,所以在做為煙膏的原料上,較印度的「公班」劣一等,價格也便宜二、三成。相反地,土耳其鴉片雖不做吸食用,但有嗎啡含量高又較便宜的特點,在醫療用途上相當受歡迎[32]。

總督府製藥所成功地試製鴉片煙膏,並以三等分級,同時決定「依本島人之慣例,一等煙膏（福煙）用印度鴉片、二等煙膏（祿煙）用波斯鴉片、三等煙膏（壽煙）用清國四川土等製成」[33]。

如前所述,總督府在禁止鴉片輸入台灣之後,復又在外交壓力下向德國曼尼商會買進生鴉片六十箱,並全數收購英

30　前揭『台灣阿片志』,頁159-60。前揭『阿片事項調查書』,頁45-56。

31　荒川淺吉『阿片の認識』（昭和18年）,頁36-37。

32　同上,頁38。

33　前揭『台灣阿片志』,頁160。

國鴉片商人所持有的生鴉片。因此，有相當長的一段時間，製藥所製造煙膏所需的原料鴉片相當充足。

但在鴉片令實施前，台灣各地的台人生鴉片商、鴉片進口商、鴉片煙膏製造販賣商等各種鴉片相關業者已達5,240人，且各自庫存若干生鴉片或鴉片煙膏，其數量雖然不能和外國的鴉片商相比，卻成為施行鴉片令的障礙。因此，總督府在「鴉片事項調查」中一併對此進行調查，日後隨著鴉片令在各地施行的同時，由總督府一一以原價徵收，送往製藥所存放[34]。

處理外國人和台灣人所持有的鴉片之後，緊接著的問題便是選擇供應製藥所原料鴉片的仲介業者。當時，東京和台北「聲請承辦委託購入之內外人士合計多達十餘名」，由於他們猛然展開許多動作的結果，使總督府決定「購買鴉片是為官廳之專屬，任一私人之輸入亦當查禁，今若准允多人承辦，似嫌稍欠穩當。依審議之結果……決委託三井物產合名會社（後變更為株式會社）及英商撒母耳（Samuel）商會承辦」[35]。

1912（明治45）年以後，撒母耳商會退出，三井物產便獨占所有台灣總督府的鴉片供應[36]。1917年以後，雖有星製藥株式會社加入成為總督府新的鴉片供應商，但由於發生後述

34　前揭『阿片事項調查書』，頁135-55。前揭『台灣阿片志』，頁143- 58。
35　同上，頁161。
36　同上註。

的「台灣鴉片事件」[37]，星製藥瀕臨破產，鴉片供應於是再次淪為三井物產的禁臠。

二、限制吸食鴉片的措施

●鴉片購買吸食特許的限制

漸禁政策的目的在於：減少鴉片的吸食人口、防止新的吸食人口出現，最終達到完全禁絕鴉片。因此，即使是對特許購買鴉片的吸食者，亦特意添加繁瑣的手續和規費等各項限制，藉以迫使吸食者自動斷煙。

鴉片令第二條規定：「獲公醫認可為鴉片癮者，由政府發給特許證，得特許購買及吸食鴉片煙膏。」所謂「獲公醫認可為鴉片癮者」，即是「台灣鴉片令施行規則」[38]第三條中：「……憑附地方官廳指定醫師之診斷證明，提出申請，並獲鴉片煙膏購買吸食特許證明者。」然而，有關指定醫師（即公醫）如何診斷及發給證明的方法，卻無明確規定。後藤新平的「關於台灣島施行鴉片制度意見書」中提到：「……於診斷上並無簡易之法。即令乞求診斷之人自前日起暫止吸

37　參照第六章註16。

38　台灣總督府專賣局（松下芳三郎）『台灣阿片志』（台灣日日新報社，大正15年），頁101-03。

食鴉片，如此一眼即可知其是否為鴉片癮者。」亦即，公醫可根據有無發生「禁煙症狀」[39]來判定。另一方面，就在鴉片令公佈、實施前不久的1897（明治30）年3月6日，總督府向各地公醫發佈「鴉片癮者證明手續」通告[40]：

> 一、……年滿二十歲以上，有吸食鴉片之習且尚欲繼續
>   此習者，無分男女，發與證明。
> 二、……
> 三、年未滿二十歲者不予證明。
> 四、……

　　簡言之，根據這項名為「鴉片癮者證明手續」的通告，只要是年滿二十歲以上的男女，若其本人表示希望吸食鴉片，則一定會給與吸食特許證明；未滿二十歲則不授予特許證明。換言之，這項「通告」實際上是將鴉片令中「獲公醫認可為鴉片癮者」的規定，改成「年滿二十歲以上、希望吸食鴉片的男女」，由此可知總督府甚早即自行貶損漸禁政策的精神。

39　鴉片癮者在斷絕吸食鴉片後發生的症狀：「是一種特有的神經障礙……鴉片癮者自己覺得全身非常倦怠，而且會感到不安、憂鬱等痛苦……這個時候由他人觀之……即使面對和自己常聊天的對象，也會突然無話可說，回答也不得要領，兩眼無神，呵欠頻頻，臉色蒼白，口水流出……另因人而異，還會有腹痛、嘔氣、呼吸困難、手足痛等症狀，這種痛苦漸漸難以忍受。」守中清『阿片中毒の話』（滿州文化協會，昭和9年），頁19-20。

40　前揭『台灣阿片志』，頁334。

　　獲得公醫認可的特許吸食鴉片者，依各自所需的鴉片煙膏等級繳納特許費，即可得到政府發給的特許證，如此便能購買及吸食鴉片。關於此點，鴉片令施行規則第四條中規定：「接受政府發給（吸食鴉片特許）特許證明者，應依下列等別繳納特許費。」

上等鴉片煙膏購買吸食特許證（紅色）
　　申請上等乃至三等鴉片煙膏之特許者　一個月三圓錢
二等鴉片煙膏購買吸食特許證（綠色）
　　申請二等乃至三等鴉片煙膏之特許者　一個月一圓五十錢
三等鴉片煙膏購買吸食特許證（黃色）
　　申請三等鴉片煙膏之特許者　一個月二十錢

　　由上可知，吸食鴉片的特許費，係依其所吸食的煙膏等級而有所差異。此項規則乍看似乎合理，但以當時的所得水準觀之，此項特許費可說相當昂貴。以受雇於製藥所的鴉片煙膏製造技工為例，「日薪五十錢者唯有一人，其餘依職等有四十六錢、四十錢者，或三十六錢、三十錢、二十五錢者，且不給食。」[41]相較之下，可推知特許費在當時是何等高昂的花費！
　　吸食鴉片者往往讓人聯想到優渥闊綽的富家少爺，但

41　加藤尚志『台灣ニ於ケル阿片』（明治30年9月11日台北淡水館における講演），頁31-32。

此種觀念並不必然正確。事實上，從事肉體勞動的吸食人口
（所謂苦力階層）反而占絕大多數[42]。鴉片禁止稅原是漸禁政
策的重要手段之一，但總督府專賣的煙膏價格是以專賣前
（日本領台前）的鴉片價格為基準，加上較以往高兩倍的輸
入稅額[43]，又另外徵收高昂的特許費，可說是雙重課稅。因
此，鴉片煙膏的價格居高不下。鴉片價格高漲的結果，極可
能助長不經特許而暗地吸食的行為，此點必將成為鴉片走私
的誘因。

　　水野民政局長極力反對此種過於苛刻的特許費，「使
吸食者每月義務向官衙納款一事，於官於民均屬煩瑣，非
只多損無益，恐怕於不知不識中成為罪人……請斷然廢止
之。」[44]然而，在此項要求尚未實現之前，水野便被調離職
務。直到1898（明治31）年3月，由於實際申請吸食鴉片特許
的人數遠低於總督府原先預期的人數，推究其原因為「特許
費過高，且徵收繳納皆甚煩瑣，易生怠慢」，「有鑑於此
種不易登錄鴉片癮者之實況，將吸食特許改為一次繳納並大
減其金額，期能廣泛網羅鴉片癮者，以遂鴉片令之首要目
的」。同時，廢止分級徵收費用的辦法，一律改為只須在

42　國際連盟極東阿片調查委員會『極東阿片問題』（國際連盟極東阿片調查
　　報告書，國際連盟協會，昭和8年），頁26-28。

43　參照後藤新平「台灣島阿片制度施行に關スル意見書」，見本書第二章註
　　52。前揭『台灣ニ於ケル阿片』，頁21。

44　水野遵『台灣阿片處分』（明治31年），頁60。

「領取吸食特許之特許證時，繳納特許費三十錢」[45]。

在實施鴉片令的同時，總督府亦針對特許吸食鴉片者掌控管理，以「鴉片特許費徵收辦理須知」訓示各地方長官[46]。根據這份「須知」所載，各地方官廳的財務課應製作「特許費清冊」，並和警察課密切聯繫。警察課一旦決定授予吸食者特許證，即向財務課通報該特許人之住址、姓名以及鴉片等級，以利財務課進行登錄。在完成特許費徵收手續之後，警察課憑財務課開立的繳費收據，方始授予「鴉片煙膏購買吸食特許證」（許可書），並向財務課通報特許證的字號及發行日期。特許證若有更改、重發、歸還、所有人遷居、改名等異動，悉由警察課向財務課通報，財務課則依此登錄異動事項。特許吸食者若遷居，警察課會通報該遷居地的地方官廳，地方官廳即依通報事項酌情處理。

鴉片煙膏一日的吸食量，各人不同，平均可有2.5倍的差異，至於極端的煙鬼和淺嘗即止的吸食者之間，有時可達到四倍以上的差距。由於存在著這種個人差異，於是有人蓄意購買多於自己實際吸食量的鴉片煙膏，再暗地進行買賣、轉讓。此點是促使非法吸食者簇生的重要原因[47]。總督府為防範此點，非但限制特許者的鴉片煙膏購買量，更深感發行購買簿摺與規定攜帶義務之必要，乃於1904（明治37）年9月修

45　前揭『台灣阿片志』，頁104-16。

46　同上，頁359-78。

47　同上，頁378。

訂鴉片令施行規則。新規定的內容如下[48]：

　　購買或吸食鴉片煙膏時，應攜帶鴉片煙膏購買吸食特
許證及簿摺，並需由承銷人填寫購買之煙膏品種、數量、價
格、交易日期，並於其上簽署姓名。（第五條）

　　此項規定的目的是希望藉此防止非法吸食者產生，同時
亦方便官憲的取締工作。此外，總督府更於1909（明治42）年
1月修改鴉片令施行規則第三條為：「……不得購買或持有
簿摺上所登載吸食量三日以上份量。」[49]以防止特許吸食鴉
片者將鴉片煙膏暗盤售予非法吸食者。

●特許吸食鴉片者的登錄

　　一如前述，總督府自1897（明治30）年4月1日起，配合治
安的穩定狀況，逐步在各地推行鴉片令。至同年12月底，鴉
片令已普遍實施於台灣全島。然而，當時登錄的特許吸食鴉
片者僅95,449人與原先預定的十七萬人相較，僅略過半數而
已[50]。

　　鴉片令雖已施行全島，登錄鴉片癮者的工作卻成效不
佳。若推究其原因，則有台灣人武力抵抗、傳染病流行、過
苛的手續費等因素。總督府為因應此種狀況，特別改善特許

48　同上，頁120。

49　同上，頁120-21。

50　同上，頁335。

手續費的徵收事項，並先後五次延長吸食鴉片者的登記期限，終於在1900（明治33）年9月底完成登錄工作。此時，鴉片購買吸食特許證已發出169,064張，相當接近鴉片事項調查書中預估的十七萬[51]人[52]。此點顯示日本在調查統計上的超卓能力，這在台灣史、日本史上論及鴉片問題時，都應是足資記載的史話。

　　總督府為使先前製作的「特許費清冊」更加完備，於1902（明治35）年1月20日起，以第一次登錄特許吸食鴉片者的結果為基礎，設定一個月的期限，更換吸食特許證、認可第一次登錄後發現的非法吸食者為鴉片癮者，並授予特許證、確認已死亡的特許者人數等，藉此做成「鴉片癮者名簿」。在製作名簿期間，總督府網羅的特許吸食鴉片者多達5,187名，這些人均計入第二次登錄的人數[53]。

　　在1904（明治37）年3月地方長官會議中，官員們依然接獲許多檢舉報告，指出各地仍不斷出現非法吸食者。其中有些是第一次和第二次登錄行動中的漏網之魚，但更多是由於過去登錄鴉片癮者均以年滿二十歲為實質條件，未滿二十歲的吸食者則須被下令強迫戒癮，因此他們就成為潛在的非法

51　在鴉片事項調查之際，打狗警察署以打狗港及其附近三個部落設定為地區樣本，以地區內的吸食鴉片者占當地人口數做百分比計算，算出約占7%弱。依當時台灣的人口數推定有二百五十萬人來看，7%弱的吸食鴉片者約相當十七萬人。台灣總督府製藥所『阿片事項調查書』（明治30年），頁111-12。

52　前揭『台灣阿片志』，頁336。

53　同上，頁242-43。

106

吸食者。爲此，自同年10月1日起至翌年3月底止，總督府展開第三次的鴉片癮者登錄工作[54]。

在第三次的鴉片癮者登錄工作期間，正值日俄戰爭興起，日本政府亦在台灣徵募軍夫和軍屬到滿州戰場[55]。此時，「由於鴉片癮者可免入伍，於是不少人趁此際申請吸食特許，以逃避將來受徵爲軍夫」，許多正常的台灣人和過去潛在的非法吸食者紛紛提出吸食鴉片特許的申請。總督府雖然特別留意審核以吸食特許爲手段來逃避徵兵的申請者，但第三次登錄人數仍高達30,543人[56]。

自1900（明治33）年9月底結束第一次的鴉片癮者登錄工作以來，特許吸食鴉片者或由於自動戒癮或由於死亡，其人數已逐漸穩定地減少。總督府相關人員相當自滿於這項成果，經常自負地表示：「台灣鴉片行政之大成，深得各國認可稱揚。近鄰之清國、美利堅國各政府已派遣特使至本島視察，並以我鴉片制度爲範。據聞……清國已因而下達禁煙詔命。」[57]實際上，雖然特許吸食鴉片者減少，非法吸食者卻仍群聚繁增。總督府怠於防止新吸食人口出現的取締工作，亦未嚴格糾察非法吸食者，且第二、第三次登錄中發現的非法吸食者原應適用鴉片令罰則，但總督府卻未加以處罰即授

54　同上，頁243-46。

55　台灣總督府警務局『台灣總督府警察沿革誌』第二編（領台以後の治安狀況）上卷（昭和13年），頁740-41，758。

56　前揭『台灣阿片志』，頁343-53。

57　同上，頁353。

予鴉片購買吸食特許證，使鴉片令的威嚴大跌，以及鴉片煙癮陋習已數百年，短期內斷絕並非易事等等，都是這個現象的起因。

　　台灣總督府鑑於來自各地官廳的非法吸食報告始終源源不絕，遂決定於1908（明治41）年3月底，集合警力一網打盡台灣全島的非法吸食嫌疑人等，結果共計逮捕17,459人。在被拘捕的嫌犯中，因證據不足僅予告誡處分者有1,355人，而根據鴉片令懲處者竟多達16,014人。受司法處分的吸食者中，無戒癮希望者為15,863人，總督府均授予吸食鴉片特許證，並登錄於鴉片癮者名簿。此次拘捕行動即為第四次鴉片購買吸食特許者[58]的登錄工作。自日本領台以來，此為第一次針對台灣人進行非法吸食者的拘捕行動，亦是首次以司法處分的事例。即使在包括清治時期以來的台灣史上，此種對吸食鴉片進行實質處罰之事，都算是史無前例地的創舉[59]。

　　第四次登錄鴉片癮者的行動成為總督府更改處理非法吸食者方針的轉機。自此以後，總督府即停止授予吸食鴉片特許證，完全依照鴉片令罰則辦理。附帶一提的是，自第一次至第四次的登錄行動中，總督府發出的特許證總數（即所登錄到的鴉片癮者人數）達220,657人（如表1所示）。

58　同上，頁353-54。

59　清朝政府領有台灣兩百餘年，其禁止吸食鴉片的禁令，原則上亦適用於台灣。然而，正如同李鴻章在下關的講和會議對伊藤博文所言，台灣是化外之地，住在島上的是化外之民，故有關禁止吸食鴉片的禁令形同具文，並無任何效果。

表1 鴉片購買吸食特許證發出量

回次	時期	人數
第一回	1897年 4 月~1900年9月	169,064
第二回	1902年 1 月~1902年2月	5,187
第三回	1904年10月~1905年3月	30,543
第四回	1908年 1 月~1908年3月	15,863
合計		220,657

在前期漸禁政策階段中（即自1897年起至1930年止的35年間），總督府對台民吸食鴉片設下各式各樣的限制，尤其著重於研擬因應非法吸食的對策。此外，申請特許吸食鴉片者只要具備滿二十歲的年齡條件，任何人均可輕易取得吸食特許證。三十五年間，經過四次登錄工作所網羅的220,657個吸食特許者中，僅15,863人是經公醫認定為鴉片癮者後才發給特許證，其餘占絕大多數的20萬餘人，只須本人提出申請，即可獲得吸食特許證。如此做法無疑漠視鴉片令或鴉片令施行規則中明訂的公醫認定手續。單就此點，即可說在這三十五年間漸禁政策未曾被積極實施過。

但在另一方面，正如表2[60]所示，若將1900年9月第一次登錄工作完結時登記特許吸食鴉片者169,064人為指標100；其後雖歷經三次登錄並加發許多特許證，然而到1930（昭和5）年因吸食者自動戒癮或老死、病死等因素，特許吸食鴉片者指數已降至14，雖然緩慢卻是穩定地減少。吸食鴉片特許

60　台灣總督府警務局『台灣／阿片制度』（昭和14年），頁3-4。

人口占所有人口的百分比，也自6.3％降至0.5％。此點亦是
前期漸禁政策的成果。

表2　台灣人鴉片購買吸食特許者

年度	特許者數	占人口比例（％）	死亡・戒癮者數	特許者指數
1897　（明治30年）	50,597	2.1		
1898　（明治31年）	95,449	3.6		
1899　（明治32年）	130,962	5.0		
1900　（明治33年9月）	169,064	6.3		100
1900　（明治33年）	165,752	6.2	3,312	99
1901　（明治34年）	157,619	5.7	8,133	93
1902　（明治35年）	143,492	5.0	14,127	85
1903　（明治36年）	132,903	4.5	10,589	79
1904　（明治37年）	137,952	4.7	＋5,049	82
1905　（明治38年）	130,476	4.2	7,476	77
1906　（明治39年）	121,330	4.0	9,146	72
1907　（明治40年）	113,165	3.7	8,165	67
1908　（明治41年）	119,991	3.9	＋6,826	71
1909　（明治42年）	109,955	3.5	10,036	65
1910　（明治43年）	98,987	3.2	10,968	59
1911　（明治44年）	92,975	2.9	6,012	55
1912　（明治45年）	87,371	2.7	5,604	52
1913　（大正2年）	82,128	2.5	5,243	49
1914　（大正3年）	76,995	2.3	5,133	46
1915　（大正4年）	71,715	2.1	5,308	42
1916　（大正5年）	66,847	2.0	4,868	40
1917　（大正6年）	62,317	1.8	4,530	37
1918　（大正7年）	55,772	1.6	6,546	33

1919	（大正 8 年）	52,063	1.5	3,709	31
1920	（大正 9 年）	48,012	1.3	4,052	28
1921	（大正10年）	44,922	1.3	3,089	27
1922	（大正11年）	42,108	1.2	2,814	25
1923	（大正12年）	39,463	1.1	2,645	23
1924	（大正13年）	36,627	1.1	2,836	21
1925	（大正14年）	33,755	0.9	2,873	20
1926	（大正15年）	31,434	0.8	2,706	18
1927	（昭和 2 年）	29,043	0.7	2,391	17
1928	（昭和 3 年）	26,942	0.6	2,101	16
1929	（昭和 4 年）	24,626	0.6	2,316	15
1930	（昭和 5 年）	23,237	0.5	1,389	14

三、鴉片業者與御用紳士

●鴉片業者

關於鴉片業者，「台灣鴉片令」有如下規定：

第四條　下記營業須特許並發給執照：
　　　　一、鴉片煙膏之承銷。
　　　　二、鴉片煙吸食器具之製造及販售。
　　　　三、鴉片煙吸食器具之承銷。
　　　　四、鴉片煙館之開設。

同令第六條亦規定：「……得第四條特許之業者，應納特許費……」[61]

在鴉片令施行規則中，將鴉片煙膏的承銷人分為「鴉片煙膏批發人」（以下簡稱「中盤」）和「鴉片煙膏承銷人」（以下簡稱「零售商」）兩種。兩者均遵守以下規則：

第十六條　欲承銷鴉片煙膏者，應向地方官廳申請，並領有所發之鴉片煙膏承銷特許執照。

第十七條　獲前項執照者，應納特許費一年參圓。

另外，鴉片煙吸食器具製造販售商、鴉片煙吸食器具承銷商、鴉片煙館開設人等，悉應「向地方官廳申請……領有特許執照」，並繳納特許費。依規定，鴉片煙吸食器具製造販售商的特許費是一年六圓，餘者為一年三圓[62]。

鴉片令和鴉片令施行規則雖曾數度修改[63]，但在鴉片業者的相關規定上並無太大變動。唯因下一章所述日內瓦國際鴉片會議的決議，使得總督府於其後下令禁止開設鴉片煙館。至1930（昭和5）年以後，台灣所有鴉片煙館均被關閉。

如上所述，區隔成四類的鴉片業者均屬特許營業，須事

61　外務省條約局『律令總覽』（「外地法制誌」第三部の二，昭和35年），頁55-56。

62　台灣總督府專賣局（松下芳三郎）『台灣阿片志』（台灣日日新報社，大正15年），頁101-03。

63　同上，頁101-27。前揭『律令總覽』，頁56-61。

先取得其所在地地方官廳的許可才准開業。其中，中盤和零
售商在鴉片專賣制度下負責行銷官製煙膏，這是撐持鴉片專
賣制度不可或缺的重要環節。相對地，鴉片煙膏吸食器具製
造販售商、承銷商、（鴉片煙館）開設人等三類鴉片業者，則
與鴉片專賣制度無直接關聯，只是為了制約非法吸食鴉片的
行為，而將其設為特許業。然而，他們除了需取得營業許可
這一點以外，與一般的自營商並無差別。

總督府製藥所（後來的「專賣局製藥課」）[64]將煙膏發配各
地方官廳，由地方官廳再轉給中盤，中盤批給零售商，最後
零售商直接販售給特許吸食鴉片者，這便是鴉片專賣制度下
鴉片煙膏的行銷流程。唯一的例外是1909（明治42）年度，三
井物產株式會社被指定為「經銷本店」[65]。除此之外，這個
行銷體系自始至終皆維持一定的模式[66]。至於擔任總督府和
特許吸食鴉片者之仲介機關的中盤和零售商，總督府早於鴉
片專賣制度起步前便給以殷勤庇蔭。

64　1901（明治34）年6月1日起，總督府統合台灣鹽務局及台灣樟腦局成立專
　　賣局，從前的製藥所則併入專賣局製藥課內。大藏省『明治大正財政史』
　　第一九卷（財政經濟學會，昭和15年），頁50-51。

65　1909（明治42）年，總督府進行地方官廳的統一、廢止及合併工作，為
　　了避免事務的繁瑣，曾暫時取消經由地方官廳配送鴉片煙膏，而指定三井
　　物產株式會社為總經銷，經其批發而銷售給各地的中盤商。然而，由於社
　　會指責三井物產株式會社的獨占行為，乃於統一、廢止及合併地方官廳的
　　工作結束的同時，取消對三井物產擔任總經銷的指定。前揭『台灣阿片
　　志』，頁281-83。井出季和太『台灣治績志』（台灣日日新報社，昭和12
　　年），頁421-22。

66　前揭『台灣阿片志』，頁276，283。

在鴉片專賣制度的準備階段，總督府已考慮到武裝游擊力量可能的抵抗和治安狀況，因此決定在付諸施行的鴉片專賣制度中，設定「不指定本島人以外之人選」，並「詳查其品行、信用、資產等，且僅於向來存在之業者中挑選之」等方針[67]。其後，更於鴉片令施行規則中，以如下規定保證其利益：

> 第八條　（中盤）應以官廳之定價（向零售商）批售鴉片煙膏。
>
> 第九條　官廳之鴉片煙膏應減價五成售予中盤。

此點等於保證中盤商有一定的營利。

但鴉片令施行不到一年，總督府便於1898（明治31）年3月修改「僅於向來存在之業者中挑選」中盤的方針，暗地訓令各地方長官：「應選擇身分可靠者指定之。」[68] 此一方針的轉變，或許是因為總督府鑑於申請銷售煙膏的人數過多，甚至發生極猛烈的爭奪特許運動，因而盤算要利用眼前的情勢推動治安方策。換句話說，總督府試圖將經銷鴉片的利益授予「身分可靠者」，以誘導其協助日本的領台事業。

關於零售商方面，總督府在鴉片令實行前即計畫：「先於一定區域內設置若干名，而屬預定之外者，非有特殊事

67　同上，頁285-86。

68　同上，頁286-87。

由，不得授予執照……於全島平均約每四十五名吸食者間，設鴉片煙膏承銷零售業者一名」[69]，預先決定零售商和特許吸食鴉片者的分配比例。但在關於零售商的利益方面，鴉片令施行規則僅規定中盤應以總督府制定的價格批售煙膏給零售商，對零售商銷售給特許吸食鴉片者的價格則無任何規定。於是，聽由零售商自行定價的結果，頻生零售商價格不一、轉賣或讓與等弊端。有鑑於此，總督府於1904（明治37）年8月起，通告各地官廳「參酌各地向來之批發價格，加算煙膏定價一成之利益零售之」，保證零售商一定的營利[70]。

在日本領台之前，台灣的鴉片煙膏經銷業者已達6,221人[71]，此數字尚不包括吸食器具相關業者、煙館經營業者，及其他如理髮店或妓院等得應客人要求提供吸食場所和鴉片煙膏的兼營鴉片業者。若將這些相關行業一併計入，則鴉片從業者人數將是相當龐大的數字。此一事實說明當時在台灣有相當比例的人口，其生活基礎是建立在鴉片相關營業之上。

於是，吾人便能預期鴉片令及鴉片專賣制度的施行，將會如何剝奪歷來人數眾多的鴉片相關業者的生活根基。此亦是總督府在實施鴉片專賣制度上極為慎重的理由，亦可想見何以抗日團體會以前述偽造的「日本條例」，利用「禁鴉片」一事集結台灣民眾加入的原因。

69　同上，頁287。
70　同上，頁293-94。
71　同上，頁143。

表3　各年度別鴉片營業者

年度	買辦	零售商	器具製造	器具販賣	吸食所
1897　（明治30年）	36	1,979	7	45	258
1898　（明治31年）	49	2,695	6	19	259
1899　（明治32年）	64	3,045	8	40	242
1900　（明治33年）	67	2,766	8	33	218
1901　（明治34年）	59	1,341	5	26	160
1902　（明治35年）	65	991	7	20	121
1903　（明治36年）	67	872	7	21	112
1904　（明治37年）	68	858	9	26	104
1905　（明治38年）	68	899	22	32	93
1906　（明治39年）	69	887	29	33	90
1907　（明治40年）	72	889	25	33	90
1908　（明治41年）	72	880	30	34	81
1909　（明治42年）	72	888	32	37	73
1910　（明治43年）	73	847	26	34	64
1911　（明治44年）	67	824	26	35	60
1912　（明治45年）	68	813	27	34	59
1913　（大正 2 年）	67	794	24	33	61
1914　（大正 3 年）	69	763	23	34	58
1915　（大正 4 年）	68	739	22	33	61
1916　（大正 5 年）	66	701	23	29	58
1917　（大正 6 年）	66	674	22	28	62
1918　（大正 7 年）	68	648	19	27	54
1919　（大正 8 年）	68	628	17	26	51
1920　（大正 9 年）	69	604	17	26	47
1921　（大正10年）	67	576	13	21	39

1922 （大正11年）	63	554	13	21	51
1923 （大正12年）	61	523	11	25	41
1924 （大正13年）	60	513	11	24	37
1925 （大正14年）	62	509	10	24	37
1926 （大正15年）	59	492	10	21	35
1927 （昭和2年）	58	468	10	20	32
1928 （昭和3年）	55	447	9	18	31
1929 （昭和4年）	56	434	8	18	29
1930 （昭和5年）	56	425	8	19	0

　　在實施鴉片專賣制度時，總督府亦全面重新整理既有的鴉片相關業者，將人數刪減至當初的一半以下（如表3所示）[72]。鴉片業者的人數在1899（明治32）年時達到頂峰，然後逐年遞減。這應是漸禁政策下的必然現象。

　　無論如何，總督府在考核鴉片煙膏中盤與零售商的營業許可，設定「身分可靠者」的限制條件，又保證其確實的營利，並依總督府的喜好而選擇、指定。因此，得到總督府授予了鴉片利益與特權者和被總督府剝奪鴉片事業者，對新政權的態度自然不會沆瀣一氣。以下再就此點做更深入的了解。

●御用紳士的培養

　　日本自領台之後，共費七年歲月才完全鎮壓台灣民主國和台灣人的武裝游擊抵抗[73]。其中最讓總督府感到棘手的是

72　台灣總督府警務局『台灣／阿片制度』（昭和14年），頁37-39。

所謂「土匪」、「匪徒」的武裝游擊勢力。據載:「台灣受
日本統轄後,所謂的土匪……其首領被視為民族英雄,受人
景仰,連一般匪徒亦頗得民眾支持。即使匪首白天走過日本
警察面前,亦不會有人密告。又於我軍商討軍略的宿舍中,
即令其屋主是匪徒,吾人亦無從分辨。尤有甚者,我方尚有
請託匪徒所裝扮的苦力,搬運我軍軍糧之事。」[74]因此,日
本人若要統治台灣,第一要務便是在台灣人中找出能夠協助
日本統治的人手。

於是,在「方便探知民間機密,乃今日最為必要」的
理由下,總督府迅即於1895(明治28)年8月5日設置「保良
局」[75]。在保良局設置尚未滿兩個月的9月22日,總督府陸軍
局憲兵部部長荻原貞固報告道:「上告民情之所存,尤於匪
類之探報捕獲,每多予本部裨益,功績誠為不尟」,請求給
予保良局獎賞[76]。然而,由於總督府吝惜台灣各地共三十多

---

73 在1895(明治28)年10月19日,由於軍務總統劉永福逃亡及同月22日日
   軍進入台南城,台灣民主國正式宣告滅亡。總督府雖於同年11月18日向大
   本營報告:「目前全島已經回復平定」,然次月即發生台灣人蜂湧而起的
   抗暴事件。直到兒玉、後藤兩人的時代才完全鎮壓這些武裝游擊隊(即所
   謂的「土匪」或「匪徒」),而那已經是1902(明治35)年左右的事。
   參照黃昭堂『台灣民主國の研究』(東京大學出版會,昭和45年),頁
   182-85,260-61。許世楷『日本統治下の台灣』(東京大學出版會,昭和
   47年),頁132-52。

74 山上北雷『半世紀の台灣』(昭和33年),頁8。

75 台灣總督府警務局『台灣總督府警察沿革誌』第二篇(領台以後の治安狀
   況)上卷(昭和13年),頁168-69。

76 同上,頁168。

處保良局每月350圓的經費，乃以「苦於局費用開支浩繁」為由，於1897（明治30）年6月10日廢除各地的保良局[77]。

保良局之所以停廢，非因總督府已失去探知台灣人機密的必要性，亦非由於經費匱乏，真正原因乃是總督府已逐漸培養一批較保良局更好用，且不需給付固定經費的「御用紳士」。

所謂「御用紳士」，是指效忠總督府並協助日本殖民統治的台灣人。這些人將反抗日本統治的台灣人情報提供給有關當局，並破壞詆毀台灣人民族運動的活動，克盡做為日本統治台灣「藩屏」的角色。

日本政府運用鴉片專賣制度培植御用紳士，並以之取代保良局的具體實例，便是被日本記者稱為「台灣代表性人傑」的楊吉臣。楊吉臣於1854（咸豐4）年生於台灣中部的彰化，在日本領台後不久的「明治28（1895）年10月任彰化保良局局長……明治29年9月任彰化役場所長等職，於瘴煙鬥載中奮勇善戰……其年因征討匪賊之勛功，謹予嘉揚……繼於明治30年4月獲授紳章」[78]。同年6月，鴉片專賣制度擴及彰化，楊吉臣被指定為彰化地區的鴉片煙膏中盤[79]。其後，楊吉臣「善導民智，使民心歸一，無日鬆懈」，而於1923

77　同上，頁169。

78　橋本白水『評論台灣之官民』（南國出版會，大正13年2月第二版），頁40。

79　前揭『台灣阿片志』，頁87-88。台灣民報社『台灣民報』，大正12年5月1日。

（大正12）年4月再獲總督府頒授勳五等瑞寶勳章[80]。

　　從楊吉臣的例子，可以看出總督府如何趁實施鴉片專賣制度之際，透過指定爲特許鴉片業者（尤其是中盤、零售商）的方式，給予向來與總督府合作的「身分可靠者」利益與特權，巧妙地將之納編爲台灣統治組織的禁衛軍。涵蓋中盤、零售商的所謂「鴉片煙膏經銷商……是對台灣統治有所貢獻者……於經銷商之職責外，更負有其他重要使命。即……爲因應全島各地之需，經銷處亦設於遠離都會之僻郊」。在這層關係上，鴉片煙膏經銷商著實「立於台灣統治之第一線」[81]。

　　如表3所示，鴉片煙膏中盤的人數幾乎一直維持在六十人左右，其分配比例大致上是每一個警察署或警察分署範圍內設置一位。舉例言之，台北市內三名中盤的指定經營區域，即分別爲南警察署轄內、北警察署轄內、萬華警察分署轄內。另外，在鄉村地方則以郡警察課爲單位，每一個警察課指定一名中盤[82]。零售商的比例已如前述，每四十五名吸食鴉片者設一名零售商。隨著吸食者的減少，零售商人數亦不斷隨之減少。

　　台灣人民族運動領袖之一的謝春木，曾針對漸禁政策與御用紳士的關係指出：「總督府所驅使的御用紳士及其爪牙達37,844人，此數或許包括政策本身及其副產品。事實上，

80　前揭『評論台灣之官民』，頁40。

81　竹內清『事變と台灣人』（昭和15年7月第三版），頁183。

82　前揭『台灣阿片志』，頁279-81。

自鴉片令表面上絕對看不出有此事體，然而吾人不可不對此一事實有所認識。為求取鴉片的經銷權（中盤），台灣人爭先恐後成為御用紳士之競爭實景，只有台灣人能深所明瞭且理解其中眞相。始自零售商以上諸多特許營業者間，為獲御用而相互較勁之實情，使吾人陡生嫌惡之感。愚民政治藉此得徵之功效，非可小覷。」[83]

　　如此，總督府毋須賄賂收買人心，毋須祭出重典酷制，單僅透過鴉片專賣制度，坐等利益爭奪者競相希望成為御用紳士，即可得到更忠誠的統治協力者。此實為日本「成功」統治台灣的祕密之一。

四、鴉片專賣的財政意義

　　自1896（明治29）年度起，伴隨著政治情勢而由軍政轉型為民政，以及日本的會計法施及台灣，使台灣的財政亦需依其規定，將預算與決算合併交付帝國議會協贊審議[84]。同年度，台灣歲入預算為668萬餘圓，歲出為1062萬餘圓[85]。此預算原本已包括數百萬圓的鴉片專賣收入，但由於前述專賣制

83　謝春木『台灣人の要求』（台灣新民報社，昭和6年），頁183。

84　大藏省『明治大正財政史』第一九卷（財政經濟學會，昭和15年），頁58-62。

85　同上，頁58-59。

度的遲延實施，使之成為充饑的畫餅。結果，當年度的實際
歲入僅264萬餘圓，在總歲出達965萬餘圓的情況下，有694
萬餘圓必須仰賴中央政府的補助[86]。

另一方面，日本為了戰爭體制的準備，全力擴張陸海
軍、設立鋼鐵廠，使其歲出顯著膨脹。1896（明治29）年度，
日本財政收支結算出現9,260萬餘圓的缺額，明治政府因而新
增登錄稅和營業稅等稅目，企圖藉課徵新稅增加歲入[87]。在
此情形下，對台灣的補助即需再增加日本國內稅收來填補，
因此這筆額外的補助款，當然會加重一般會計的負擔。

日本政府為減輕一般會計的壓力，並促成台灣財政的
獨立，乃於第十屆帝國議會提出「台灣總督府特別會計法
案」。1897（明治30）年1月26日，政府委員阪谷芳郎（大藏省
主計官）於眾議院預算委員會上，針對特別會計的宗旨做如
下的說明：「值此台灣納入帝國版圖之際，政府亦為其後之
經營千般思慮……雖增添帝國二千萬里之版圖，卻增本國人
民之新負擔，此後應可預見將益加困難……」，表示憂慮增
加日本國內的負擔。他再以英國的殖民地經營為例，「大抵
領地之經濟（財政）以領地歲入維持，此做法已大致確立，
即使擴大領地亦不致招致本國之損害，反而有助其日益強盛
之勢」。因此，他說明特別會計法案的要旨在於「使台灣毋

---

86 同上，頁915-17。

87 同上，頁140-51。

須年年自本國補助」，並應盡早使台灣財政獨立[88]。

　　台灣特別會計法的內容，除了台灣財政獨立之外，更授予台灣總督財政權。帝國議會無視六三法（授予台灣總督立法權）審議時曾發生過的激烈辯論，依舊通過特別會計法，並於同年2月26日公佈[89]。由此可見，帝國議會和日本政府都急於早日擺脫補助台灣財政的麻煩包袱。

　　1898年2月26日，繼樺山資紀、桂太郎、乃木希典之後，兒玉源太郎成為第四任台灣總督。兒玉總督於上任的次月（3月2日），起用後藤新平擔任民政局長（其後的民政長官）。他起用後藤的原因，和後藤設計鴉片專賣制度有極重要的關聯[90]。當時「台灣賣出論」[91]的主張甚囂塵上，使得兒玉與後藤搭檔以穩定治安，並開拓統治台灣所需財源為第一優先政策。為此，完成鴉片專賣制度便成為刻不容緩的工

88　眾議院事務局『第十回帝國議會眾議院予算委員會速記錄』，明治30年1月26日（第二科第二號），頁6-7。

89　前揭『明治大正財政史』第一九卷，頁10-11。此外，「六三法」是1896（明治29）年第九屆帝國議會所制定的「有關第六十三號法律於台灣施行時相關法令之法律」的略稱。其第一條為「台灣總督在其管轄區域內，可發佈具法律效力的命令」，將立法權委任台灣總督。在審議法律案時，雖然帝國議會以此法侵害立法府的立法協贊權而強烈反對，但在設置特別委員會審議此案時，最終因附加一條「本法於施行日後滿三年失效」的條文，使之成為時限立法而妥協通過。外務省條約局『台灣ニ施行スヘキ法令ニ關スル法律の議事錄』（昭和41年），頁3-28。

90　鶴見祐輔『後藤新平』第二卷（後藤新平伯傳記編纂會，昭和12年），頁15-17。同時，由於後藤是醫生，若不論衛生行政方面，其做為民政長官的手腕並非沒有疑問。由於擔心此項任命者向兒玉進言之故，所以設立總督府參事官長之職，安排當時的內閣法制局參事官石塚英藏做為後藤的輔佐。林進發『台灣發達史』（民眾公論社，昭和11年3月版），頁169。

作。

　　兒玉與後藤首先鎮壓擾亂治安的「匪徒」，著手進行土
地調查事業[92]，並倉促全面實施鴉片專賣制度。1900（明治
33）年9月，總督府確定鴉片癮者登錄（即特許吸食鴉片者）的
人數，1902（明治35）年完成台灣「匪徒」的掃蕩工作。隨著
「鴉片癮者名簿」的整理完成，創設鴉片專賣制度的事業，
在此可算告一段落。兒玉總督奏請天皇授勳後藤，褒揚其
在鴉片專賣制度上的功勞。同年12月，後藤獲頒勳二等旭日
章[93]。此勳章與其說是由於鴉片漸禁政策的成功（吸食鴉片者
漸減），莫若歸因於鴉片收入在台灣財政上的實質貢獻。

　　另一方面，兒玉與後藤搭檔於上報1898（明治31）年度
預算時，提出使台灣財政獨立的藍圖，發表「台灣財政二十

91　當兒玉及後藤前往台灣赴任當時，日本正盛行「台灣放棄論」及「賣台
　　論」。當時的祕書官橫澤次郎曾有如下的表示：「現在朝野間均認為統治
　　台灣是一件頗難之事，主張釋出台灣較為得計。因為島上土匪橫行，無法
　　徹底推動行政，且若強制推動行政，則動輒引起外交糾紛。由於出現這種
　　將台灣賣出毋寧較妥的論點，而希望購入台灣的是法國。法國垂涎台灣已
　　久，其明顯例證為中法戰爭時，法國海軍將領孤拔領導軍隊孤軍奮鬥，占
　　領基隆、澎湖島等地的史蹟。而且那時法國在福州的馬尾有造船廠，又在
　　台北設有領事館，明白顯示法國有意插手台灣問題的形勢，故朝野間盛傳
　　將台灣以一億日圓賣予法國的意見。」橫澤次郎「後藤伯と台灣の阿片制
　　度」，三井邦太郎編『吾等の知れる後藤新平伯』所收（東洋協會，昭和4
　　年），頁176。

92　江丙坤『台灣地租改正の研究』（東京大學出版會，昭和48年），頁
　　183-92。井出季和太『南進台灣史攷』（誠美書閣，昭和18年），頁
　　89-93。

93　橫澤次郎「後藤伯と台灣の阿片制度」，前揭『吾等の知れる後藤新平
　　伯』所收，頁177。前揭『後藤新平』第二卷，頁261-26。

年計畫」[94]。亦即，「製作自本年度起至明治51（1918）年度
止，橫亙二十年間之收支預算，逐漸減少來自日本內地的補
助金額，計畫於明治42（1909）年度以降，使台灣財政全然
獨立自給。若爲生產事業，則發行事業公債，以籌措資金。
自明治37（1904）年度起，當可償還利息百萬圓以上之本
金，明治43（1910）年度起，則多少可有盈餘。」

表4　台灣特別會計中鴉片與地租收入比較（日圓）

年度		鴉片收入		地租收入		經常歲入 c	補充金
		金額 a	a/c*100%	金額 b	b/c*100%		
1897	（明治30年）	1,640,210	30.9	835,650	15.7	5,315,879	5,959,048
1898	（明治31年）	3,467,339	46.3	782,058	10.4	7,493,650	3,984,540
1899	（明治32年）	4,249,577	41.8	841,955	8.3	10,158,651	3,000,000
1900	（明治33年）	4,234,979	32.4	912,922	7.0	13,062,520	2,598,611
1901	（明治34年）	2,804,894	23.9	869,003	7.4	11,714,647	2,386,689
1902	（明治35年）	3,008,488	25.3	897,219	7.6	11,876,853	2,459,763
1903	（明治36年）	3,620,335	29.2	922,232	7.4	12,396,007	2,459,763
1904	（明治37年）	3,714,012	23.0	1,955,770	12.1	16,170,335	
1905	（明治38年）	4,205,830	19.4	2,975,735	13.7	21,699,928	
1906	（明治39年）	4,433,862	17.3	2,983,551	11.6	25,656,672	
1907	（明治40年）	4,468,514	15.5	3,006,195	10.4	28,850,117	
1908	（明治41年）	4,611,913	17.2	3,041,746	11.3	26,832,437	
1909	（明治42年）	4,667,399	15.2	3,078,912	10.1	30,606,087	
1910	（明治43年）	4,674,343	11.3	3,108,712	7.5	41,364,163	
1911	（明治44年）	5,501,548	13.0	3,123,771	7.4	42,393,795	
1912	（明治45年）	5,262,685	12.4	3,105,239	7.3	42,530,920	
1913	（大正 2 年）	5,289,595	13.8	3,073,513	8.0	38,330,994	

94　井出季和太『台灣治績志』（台灣日日新報社，昭和12年），頁368-69。

在該計畫書中，增加歲入的途徑來自地租、專賣、事業公債和地方稅等[95]，對當時尚屬前資本主義社會的台灣而言，地租與專賣制度的收入是最易取得，也是最確實的財源。雖然不能片面論定兒玉與後藤進行土地調查事業的目的純為增徵地租，但其直接動機的確是在台灣財政獨立的期望下，對增收地租寄以極大的期盼。但如表4[96]所示，直到1914（大正3）年度台灣財政實質獨立[97]為止，地租收入始終僅約及鴉片收入的一半，其對台灣財政的貢獻，實遠不及鴉片收入。

在致力充實鴉片專賣制度的同時，兒玉與後藤亦著眼於食鹽、樟腦、煙草的專賣。1899（明治32）年4月起施行食鹽專賣，同年7月以及1905（明治38）年4月又分別使樟腦、煙草成為政府的專賣事業。此外，為統一專賣業務，更於1901（明治34）年6月成立台灣總督府專賣局，將原先的製藥所業

95　矢内原忠雄『帝國主義下の台灣』（岩波書店，昭和4年），頁92。

96　由台灣1896（明治29）年度起至1913（大正2）年為止的歲入決算中抽出計算所得數目。前揭『明治大正財政史』第一九卷，頁915-22。

97　台灣的財政獨立，一般認為始於1905（明治38）年度辭退國庫補助金之時（竹越与三郎『台灣統治志』〔博文館，明治38年〕，頁217-19；前揭『帝國主義下の台灣』，頁91-91）。然而，上述見解只重形式，自1905以迄1913（大正2）年度為止的砂糖消費稅，並未從一般會計納入台灣的特別會計內（東鄉實、佐藤四郎『台灣植民發達史』〔晃文館，大正5年〕，頁361-64；前揭『帝國主義下の台灣』，頁187-88）。砂糖消費稅幾乎由日本國內的消費者所負擔，當然屬於一般會計的範圍，故著者認為台灣財政的實際獨立，應是在1914（大正3）年將砂糖消費稅納入一般會計之時。

126

務併入成為其下的製藥課[98]。藉此，鴉片專賣制度確已成為財政手段的一環。至於食鹽、樟腦、煙草的專賣收入，雖然亦是台灣財政上重要且安定的財源，但在台灣財政實質獨立之前，其貢獻均不如鴉片收入（見表5）[99]。

表5　年度別各種專賣收入

年度	鴉片	食鹽	樟腦	煙草
1897 （明治30年）	1,640,210			
1898 （明治31年）	3,467,337			
1899 （明治32年）	4,249,577	270,827	917,877	
1900 （明治33年）	4,234,979	358,333	3,752,267	
1901 （明治34年）	2,804,894	510,202	3,253,391	
1902 （明治35年）	3,008,488	672,815	2,528,802	
1903 （明治36年）	3,620,335	472,851	2,258,217	
1904 （明治37年）	3,714,012	557,875	3,605,884	
1905 （明治38年）	4,205,830	667,369	4,235,860	1,496,022
1906 （明治39年）	4,433,862	711,488	4,865,226	3,044,593
1907 （明治40年）	4,468,514	754,414	7,221,853	3,500,852
1908 （明治41年）	4,611,913	692,624	2,400,012	3,380,270
1909 （明治42年）	4,667,399	824,694	4,427,822	3,712,702
1910 （明治43年）	4,674,343	821,209	5,529,558	4,009,346
1911 （明治44年）	5,501,548	884,499	4,856,350	4,416,846
1912 （明治45年）	5,262,685	759,482	5,814,689	4,523,831
1913 （大正2年）	5,289,595	800,993	5,093,490	4,719,108

98　前揭『後藤新平』第二卷，頁262-67。前揭『明治大正財政史』第一九卷，頁597-776。

99　從1897（明治30年）年度至1913（大正2）年度的台灣歲入決算中挑出的資料。前揭『明治大正財政史』第一九卷，頁915-22。

　　鴉片收入於財政上既負有如此重大的使命，特許吸食鴉
片者的負擔自然相當沉重。後藤新平在其意見書中所陳述的
鴉片禁止稅便是指此而言。亦即，一部分的特許吸食者將因
負擔不起沉重的禁止稅，而不得不自動戒食鴉片，特許吸食
鴉片者的人數可因自動戒癮或自然死亡，而有日漸減少的趨
向。然而，特許吸食鴉片者人數減少的結果，將立刻波及鴉
片的收入。製藥所及其後的專賣局為填補此一虧損，便以出
現許多非法吸食者為由，一次又一次增加其所登錄的特許者
人數。1908（明治41）年施行第四次吸食鴉片特許的登錄工作
之後，雖中止發給一切新的特許，但正如表6[100]所示，儘管吸
食特許者每日的鴉片煙膏吸食量受到一定的約束，但每人鴉
片煙膏的年平均吸食量卻仍有所增加。此現象極不符合漸禁
政策的精神，故極難賦予合理的解釋[101]。因此，對總督府為
增加鴉片煙膏的銷售量，蓄意放任台灣人非法吸食的質疑，
應非空穴來風。

　　鴉片令施行後，總督府立即遵照漸禁政策的立意，指示
各地方官廳「對滯留本島之支那人……無分雜居地內外，均
不准其購買、吸食鴉片煙膏」，並同時禁止中國籍吸食鴉片
者進入台灣[102]。然而，自1905（明治38）年起，總督府卻重新

100　台灣總督府警務局『台灣ノ阿片制度』（昭和14年），頁3-5，8-10。

101　謝春木『台灣人の要求』（台灣新民報社，昭和6年），頁178-79。

102　台灣總督府專賣局（松下芳三郎）『台灣阿片志』（台灣日日新報社，大
　　　正15年），頁391。

表6 各年度每人年平均鴉片煙膏吸食量（公斤）

年度	特許者數	鴉片煙膏販賣量	每人年平均吸食量
1897 （明治30年）	50,597	51,190	1.01
1898 （明治31年）	95,449	159,523	1.67
1899 （明治32年）	130,962	197,873	1.51
1900 （明治33年）	169,064	200,927	1.19
1901 （明治34年）	157,619	137,492	0.87
1902 （明治35年）	143,492	126,694	0.88
1903 （明治36年）	132,903	139,230	1.05
1904 （明治37年）	137,952	147,519	1.07
1905 （明治38年）	130,476	147,864	1.13
1906 （明治39年）	121,330	155,089	1.28
1907 （明治40年）	113,165	141,122	1.25
1908 （明治41年）	119,991	142,652	1.19
1909 （明治42年）	109,955	147,610	1.34
1910 （明治43年）	98,987	112,659	1.14
1911 （明治44年）	92,975	101,311	1.09
1912 （明治45年）	87,371	105,394	1.21
1913 （大正 2 年）	82,128	102,243	1.24
1914 （大正 3 年）	76,995	97,853	1.27
1915 （大正 4 年）	71,715	98,598	1.37
1916 （大正 5 年）	66,847	101,653	1.52
1917 （大正 6 年）	62,317	89,451	1.44
1918 （大正 7 年）	55,772	85,799	1.54
1919 （大正 8 年）	52,063	74,298	1.43
1920 （大正 9 年）	48,012	65,851	1.37
1921 （大正10年）	44,922	57,831	1.29
1922 （大正11年）	42,108	53,264	1.26

1923　（大正12年）	39,463	48,127	1.22
1924　（大正13年）	36,627	44,229	1.21
1925　（大正14年）	33,755	41,990	1.24
1926　（大正15年）	31,434	40,236	1.28
1927　（昭和 2 年）	29,043	37,323	1.29
1928　（昭和 3 年）	26,942	34,970	1.30
1929　（昭和 4 年）	24,626	31,967	1.30
1930　（昭和 5 年）	23,237	36,359	1.56

開放中國籍吸食鴉片者來台（如表7所示）[103]。總督府對此說明道：「商工乃殖產事業勃興，需招募僱工低廉之支那人渡台應急。然彼等支那人爲渡台後將被禁止吸鴉片煙常習之故，導致多數躊躇不敢往，此於本島之開發影響甚鉅。是以恩允來台支那人中煙癮深重者，特許其得吸食鴉片。」[104]總督府的解釋僅能說明開放中國籍吸食者渡台的一小部分原因，眞正的實情恐怕是因爲在當時日俄戰爭的背景下，一般會計爲應付戰事需要而不得不中止對台補助，總督府因此必須或多或少增加鴉片收入，才能解決財政上的短絀。

　　與漸禁政策精神相悖的措施，還不止此一例。爲了擴張鴉片收入，當台灣的吸食特許者減少之後，總督府更將製造過剩的鴉片煙膏輸出到關東州、青島和澳門（見表8）[105]。然而，因爲「關東州人對鴉片煙膏之嗜好與本島人全然相

<hr>

103　同上，頁396-97。

104　同上，頁391。

105　同上，頁317。

表7 各年度中國籍鴉片吸食特許者

年度	特許者數	死亡、戒癮、歸國者數	各年度末特許者數
1905 （明治38年）	1,290	490	795
1906 （明治39年）	1,340	493	847
1907 （明治40年）	1,312	540	772
1908 （明治41年）	1,437	553	884
1909 （明治42年）	1,549	601	948
1910 （明治43年）	1,681	686	995
1911 （明治44年）	1,457	494	963
1912 （明治45年）	1,401	417	984
1913 （大正 2 年）	1,545	495	1,050
1914 （大正 3 年）	2,090	906	1,184
1915 （大正 4 年）	2,548	1,199	1,349
1916 （大正 5 年）	3,257	1,328	1,929
1917 （大正 6 年）	4,172	1,353	2,819
1918 （大正 7 年）	4,520	1,577	2,943
1919 （大正 8 年）	3,302	1,000	2,302
1920 （大正 9 年）	1,166	146	1,020
1921 （大正10年）	1,013	103	910
1922 （大正11年）	924	107	817

1. 每年更新吸食特許。
2. 1923年後，再度禁止鴉片吸食者入境。

異」，使得鴉片外銷關東州僅一年即被迫停止。澳門或青島的鴉片煙膏以往皆由英國鴉片商供應，自日本將台灣鴉片輸往當地，實際上等於瓜分英國商人的利益。因此，英國商人以各種名目群起攻之。在此情況下，總督府不得不於1918

表8　鴉片煙膏的輸出（日圓）

年度		關東州	青島	澳門	合計
1906	（明治39年）	38,356			38,356
1915	（大正４年）		49,650		49,650
1916	（大正５年）		228,500	436,610	665,110
1917	（大正６年）		210,000	779,000	989,000
1918	（大正７年）		218,200	465,000	683,200
合計		38,356	706,350	1,680,610	2,425,316

（大正7）年，中止鴉片煙膏的輸出[106]。

　　總督府專賣局為擴張鴉片的收入，不僅嘗試將鴉片煙膏外銷他處，暗地裏更萃取原料鴉片主成分的嗎啡，著手生產粗製嗎啡。早自試製鴉片煙膏的時期，總督府即開始進行關於粗製嗎啡的研究。「一等煙膏所含之嗎啡成分，自創業起三年間，始終維持於12%乃至10%。然自明治33（1900）年至34（1901）年間逐漸調配其原料比例，至大正元（1912）年時已遞減至8.5%甚至8%。當然，鴉片煙膏所含嗎啡量自然屬絕對機密，除領導部門之外，即便是工廠從業人員，亦無從知聞。總歸言之，粗製嗎啡含量的改變對一般吸食者之嗜煙狀態無任何影響，但會使吸食者之嗜煙狀況有漸次自三等

106　譬如1916（大正5）年1月，大阪商船「安平丸」於運送鴉片前往青島途中靠岸上海時，英人管理下的上海關稅以其雖有日本的青島軍政署的輸入許可，但若無中國官憲的輸入許可，不能將此鴉片輸入中國，而將此鴉片扣留。在幾經交涉需送回台灣的條件下，方才取消此項扣留。再者，對澳門的輸出因有「自澳門偷運鴉片至中國內地的事實」而成為外交交涉的課題。前揭『台灣阿片志』，頁318，322-25。

煙膏轉向一等煙膏之趨向。」[107]

　　1915（大正4）年度起，總督府開始粗製嗎啡的生產，並將其做爲醫療用鹽酸嗎啡的原料，售予獨占市場的星製藥株式會社[108]。萃取嗎啡不但能使「吸食者之嗜煙狀況有漸次自三等煙膏轉向一等煙膏之趨向」，可增加鴉片的專賣收入，再加上出售粗製嗎啡可獲取額外的副收入，以及因萃取物使用價格低廉且嗎啡含量又高的土耳其鴉片爲原料[109]，故單從增加總督府鴉片收入一事觀之，實在是一舉數得之策。同時，爲維護低量嗎啡鴉片煙膏的祕密，對於日本內地製藥業者要求分割轉讓粗製嗎啡的猛烈抗爭，總督府專賣局以強硬態度加以排拒，從而造成社會廣泛的疑慮，最後終於引發「台灣鴉片事件」[110]。

　　如表9[111]所示，特許吸食鴉片者的人數於1900（明治33）年到達頂點。其後，或因「禁止稅」的重壓而被迫戒煙，或因自然死亡等因素，人數逐漸減少。但鴉片收入相對於此卻不降反升，特別是吸食者每人每年的鴉片煙膏花費，至1918（大正7）年時竟遽增六倍左右。即使託辭此期間非法吸食者增加、通貨膨脹等因素，但對特許吸食者施加極沉重的負擔

107　荒川淺吉『阿片の認識』（昭和18年），頁213。

108　前揭『台灣阿片志』，頁487，489-92。

109　同上，頁487。

110　參照第六章註16。

111　由前揭『明治大正財政史』第一九卷，頁915-21所收的「台灣總督府特別會計歲入歲出決算累年一覽表」，及前揭『台灣ノ阿片制度』，頁3-4所收「台灣人阿片煙膏吸食特許者各年末現在表」兩資料抽出作成。

表9　鴉片吸食特許者數與鴉片收入

年度	特許者數（人）	鴉片收入（日圓）	吸食特許者每人每年支出額（日圓）
1897　（明治30年）	54,597	1,640,210	
1898　（明治31年）	95,449	3,467,337	
1899　（明治32年）	130,962	4,249,577	
1900　（明治33年）	169,064	4,234,979	25.05
1901　（明治34年）	157,619	2,804,894	17.80
1902　（明治35年）	143,492	3,008,488	20.97
1903　（明治36年）	132,903	3,620,335	27.24
1904　（明治37年）	137,952	3,714,012	26.92
1905　（明治38年）	130,476	4,205,830	32.23
1906　（明治39年）	121,330	4,433,862	36.54
1907　（明治40年）	113,165	4,468,514	39.49
1908　（明治41年）	119,991	4,611,913	38.44
1909　（明治42年）	109,955	4,667,399	42.45
1910　（明治43年）	98,987	4,674,343	47.22
1911　（明治44年）	92,975	5,501,548	59.17
1912　（明治45年）	87,371	5,262,685	60.23
1913　（大正2年）	82,128	5,289,595	64.41
1914　（大正3年）	76,995	5,226,349	67.88
1915　（大正4年）	71,715	5,870,408	81.86
1916　（大正5年）	66,847	7,132,520	106.70
1917　（大正6年）	62,317	7,970,107	127.90
1918　（大正7年）	55,772	8,105,278	145.33

卻是不爭的事實。專賣局每逢調漲鴉片煙膏價格時，總是說明是因為原料鴉片價格高騰之故，但鴉片專賣的利潤卻又

年年穩定提升[112]。就此而言，專賣局自身就如同鴉片癮者一般，亦陷入一種貪圖利潤收益的「癮」。不禁令人想起長與專齋曾警告後藤新平說：「專賣（鴉片）勢必伴生龐大利益，而世間絕無擔憂國庫過度豐盈之政府，結果政府將轉向傾全力多售鴉片。」[113]

鴉片收入除了專賣的利潤外，尚有預估每年一百萬圓的鴉片營業特許費，以及違反鴉片令者的罰金收入。前述鴉片令的罰則，雖併記自由刑與財產刑，但由於總督府刑務所的收容能力及台灣人的民族性等因素，鴉片犯罪幾乎皆選擇適用財產刑[114]。這些可稱爲鴉片專賣制度副收入中的諸多相關收入，以今日的史料狀況並不能一一結算，但可推測絕對是一筆相當龐大的金額。

《後藤新平》一書的作者敘述道：「（後藤）先生的鴉片政策獲得顯著的功績。唯先生感到遺憾之處，便是關於鴉片專賣收入的用途」，接著他又盛讚「鴉片政策的成功，是先生治台十年最爲光耀的一項成果。明治35年先生能獲頒勳二等旭日章，亦是由於這份成就所致。」[115]但事實上，後藤對其用途感到遺憾的龐大鴉片收入，曾對台灣財政提供極大的貢獻，正因爲如此，後藤才會被天皇御賜光彩的勳二等旭日章。

112　前揭『台灣阿片志』，頁292-93。

113　前揭『後藤新平』第二卷，頁261。

114　前揭『台灣／阿片制度』，頁19。

115　前揭『後藤新平』第二卷，頁261。

　　關於殖民地的經營方面，初期的財政負擔原應由領有國支付。但在日本經營台灣的事例中，日本極其迅速地完成台灣當地的財源籌措。此項原應由日本支付的金錢，大部分卻來自台灣吸食鴉片者繳納的所謂「禁止稅」（即總督府的鴉片收入）。

　　矢內原忠雄教授指出，「台灣實爲本國財政及經濟上最富價值之殖民地」[116]，對殖民台灣在財政上的價值賦予極高的評價。然而，在陰暗背後悄悄地架撐此項價值者，無非是以專賣制度吸納台灣人血淚與健康的鴉片收入。

116　前揭『帝國主義下の台灣』，頁188。

▌第四章▐

國際鴉片問題與日本

一、國際鴉片問題的肇始

中英兩國締結的1842年南京條約和1858年天津條約中，以些微的關稅為代價，將鴉片輸入中國一事加以合法化。同時，存在於中國各地的租界或租借地，形同中國國內的外國，中國的國家意思無法在此執行。因此，儘管中國政府一再重申吸食鴉片的禁令，並以官憲加強取締，但吸食鴉片的惡習仍舊在中國人之間日益蔓延，似乎有難以抑遏之勢。在鴉片戰爭結束五十年後，鴉片癮者約占中國四億國民的一成，每年因鴉片交易而流出的白銀估計達數億兩[1]。

甲午戰爭之後，列強在中國劃定勢力範圍爭奪利權，此行為深深刺激中國的有識之士，從而激發出變法自強的氣氛，此種潮流亦呈現於禁煙運動中。致力於禁煙運動的中國政府，於1906（光緒32）年8月發佈上諭，將以往鬆弛緩和的鴉片禁令改為嚴戒，並於同年10月重新公佈「禁煙章程」（十條），限於此後十年內，完全禁止鴉片的吸食及罌粟的栽培，希望一舉掃除中國的鴉片禍害，此即所謂的「十年禁絕計畫」[2]。

在中國推行禁煙運動的同時，輿論日益激烈地指責禍害

---

1 荒川淺吉『阿片の認識』（昭和18年），頁83。

中國最深的英國鴉片政策。同時，長駐中國的英美傳教士亦
支持中國的禁煙運動，於1907年1月聯名向英國政府呈遞公
開信[3]，痛論中國人吸食鴉片的慘禍。其主要內容為：

一、英國將鴉片輸入中國的行動，將危及英國在中國的
　　貿易，且使中國人心理上對英國臣民及英國勢力懷
　　有甚深的敵意。

二、……以供給中國鴉片來謀求貿易上的利益，有損夙
　　奉基督為尊的一大強國的顏面。

三、英國國民崇信，英國應與此世界共通之災禍斷絕關
　　係，不再染指不淨之財，並以此為重要義務。

另一方面，因海外的強烈非難而深受刺激的英國輿論，
亦以前述「反鴉片協會」為中心，迫使英國政府改變鴉片政
策。其後，英國政府屈服於國內外輿論的壓力，而於1907年
與中國締結「中英鴉片協定」（Anglo-Chinese Opium Agreement,

2　以此上諭及禁煙章程為中心的「十年禁絕計畫」，原本是以日本對台灣的鴉
　片制度為範本所做成。根據上述計畫，符合一定條件而被認定為鴉片癮者，
　在特許吸食的同時，亦對其施行必要的治療。再者，隨著中國國內禁止新增
　罌粟花栽種者，舊有的罌粟花栽種者須持有特許執照，且每年減少九分之一
　的栽培面積。尚且，嚴禁特許鴉片煙店以外的商店販售鴉片煙膏，迅即下令
　關閉鴉片煙館。再者，嚴禁和關係諸國協議及合作自外國輸入鴉片的事項。
　換言之，此即鴉片漸禁政策的中國版。于思德《中國禁煙法令變遷史》（中
　華書局，民國23年），頁124-25。

3　大內丑之助『支那阿片問題解決意見』（大正6年），頁130-31。

1907) [4]。

　此項支持中國「十年禁絕計畫」所締結的「中英鴉片協定」，規定於1908年開始的三年內，將從印度輸往中國的鴉片每年遞減平均輸出量的10％，其間再觀諸中國禁煙的成果，而於三年期滿後仍採相同的遞減比例，並於十年後完全杜絕鴉片的輸出。然而，這只不過是英國政府預計中國禁煙計畫必將失敗而採取的敷衍行動，自始即無履行協定的誠意。因此，英國議會為促成政府的決心，乃於1908年通過「鴉片貿易為人道上不應容許的行為」決議案[5]。

　中國政府為使十年禁絕計畫或中英鴉片協定的目標能夠落實，乃於政府內部新設專任的禁煙大臣，加強取締鴉片的吸食[6]。然而，儘管中國政府銳意努力，但周遭複雜的國際環境，尤其是租界或租借地的存在，更阻礙鴉片禁絕計畫的實施，惹起許多國際問題，糾紛層出不窮[7]。

　在此之前，由於美西戰爭的結果，美國在1898年領有菲律賓和夏威夷。這時，一位長期在馬尼拉的美國傳教士布蘭特（Bishop Charles H. Brent），由於目睹吸食鴉片惡習的傳播，以及鴉片腐蝕菲律賓人的慘狀，於是極力向本國政府強調鴉片煙害的恐怖，反覆要求對菲律賓採取防遏措施，以及取締

4　國際連盟協會『阿片會議の解說』（大正14年），頁8。前揭《中國禁煙法令變遷史》，頁120-22。

5　前揭『阿片會議の解說』，頁7。

6　前揭《中國禁煙法令變遷史》，頁130。

7　前揭『阿片會議の解說』，頁8。

根源所在的中國鴉片。在布蘭特的努力之下，當時的美國老羅斯福總統乃於1906年向菲律賓全境發佈嚴格的鴉片禁令，同時倡議召開解決中國鴉片問題的國際會議[8]。

可想而知，對於美國提倡召開國際會議一事，英國政府極力阻礙。然而，澎湃的反鴉片毒害輿論已風靡全世界，逐漸轉爲有利於美國召開國際會議的主張，最後終於使英國了解已無阻止的可能，從而爲確保更有利於英國的立場，乃與中國締結前述的鴉片協定，並接受美國邀約出席該項會議。如此一來，在美國倡議舉行國際會議的第四年（1909年2月），各國在上海召開討論鴉片問題的國際會議[9]。

在上海所召開的國際會議中，共有日本、中國、美國、英國、法國、德國、俄國、義大利、荷蘭、奧地利、匈牙利、葡萄牙等十二國代表列席，美國代表布蘭特被選爲主席，並由中國代表南洋大臣兩江總督端方朗讀光緒皇帝「開會宣言」的上諭[10]。此上海會議爲國際鴉片會議的嚆矢。

然而，參加此項會議的國家，除同時亦代表印度政府的英國以外，全數是鴉片的消費國，主要鴉片生產國如土耳其或波斯並未派代表參加。這些國家未出席是英國的計謀。對英國而言，只要鴉片生產國不出席，即能將鴉片的生產與

8　前揭『阿片の認識』，頁84。

9　同上，頁85。

10　宮島幹之助『國際阿片問題の經緯』（日本國際協會，昭和10年），頁3。岩村成允、涉澤信一、賀來佐賀太郎『阿片問題の研究』（國際連盟協會，昭和3年），頁48。前揭『支那阿片問題解決意見』，頁145。

貿易問題排除於會議議題之外，將會議限定於鴉片消費的取締，如此至少可將美國召開會議的目的架空一半[11]。

結果，上海會議在英美兩國的對立下結束。例如，美國代表力陳鴉片毒害之恐怖，提出即刻禁絕的提案，主張除正當藥用目的之外，應絕對禁止使用鴉片。相對於此，英國代表則與其正面衝突，主張漸禁說[12]。英國代表表示：

鴉片有害雖是肯定的，但見之於吸食者現狀，急切禁斷將使其淪入較吸食更悲慘數十倍的境地。因此，本席極力反對將鴉片單僅限定於醫藥方面使用。

英國代表更指出：「英國鴉片貿易存在的基礎，是因有消費國之故，因此關鍵在於消費國的自覺。」此項說法暗指責任在於中國政府的取締無能。

結果，會議在美、英、中三國的妥協之下，通過全文共十條的「國際鴉片會議決議書」（Resolution of the International Opium Commission）[13]。決議書中表明，贊同和協助中國的禁煙計畫與運動，特別是規定有關鴉片吸食、使用、輸送和嗎啡的製造、販賣、分發等的取締。然而，此決議書與條約不

---

11 同上註。

12 前揭『阿片の認識』，頁86。前揭『支那阿片問題解決意見』，頁145-48。

13 日本外務省條約局「上海國際阿片會議決議書」，『阿片ニ關スル條約及決議集』（昭和12年），頁1-6。

同，不過是意向或願望的表明，對簽署國並不具任何拘束力。

二、海牙和日內瓦鴉片會議

●海牙國際鴉片會議

　　繼上海國際鴉片會議之後，美國為使國際鴉片會議決議書更有效力，乃邀請參加上海會議的各國，再於海牙召開國際鴉片會議。結果，決定在1911年12月再度召開國際鴉片會議。在會議召開之前，美國政府向主辦國荷蘭政府外交部長提出下述備忘錄。

　　……美國政府認為鴉片問題是重要的世界性問題，其生產、貿易具有重大經濟關係，欲解決本問題，應採慎重態度，故咸認須經相關列強的合作，基於鴉片會議的決議，期望不單從東洋各國，亦包括世界各國之本國及其屬地、領地，致力將鴉片排除……在國際鴉片會議召開之前，美國國會即已制定法律，禁止醫藥用以外的鴉片輸入美國。然而美國原非鴉片產地，為屬行現有規則，達到絕對去除煙毒的目的，須得鴉片生產地諸國的協助，避免各國相互扞格與各自為政，嚴格取締輸入……[14]

14　大內丑之助『支那阿片問題解決意見』（大正14年），頁151-52。

　　前述國際鴉片會議的召開，雖以拯救中國蒙受鴉片吸食的慘禍爲目的，但在美國此次的行動下，鴉片問題不再單是中國的問題，它已成爲國際性的問題，非有國際間的合作不能解決。此備忘錄表明美國今後將扮演國際鴉片問題主角的決意。

　　在簽署上海國際鴉片會議決議書的國家參加下，海牙國際鴉片會議依預定時間於1911年12月召開，討論持續到翌年1月底，結果通過全文共二十五條的「海牙國際鴉片條約」（The Hague International Opium Convention of 1912）[15]。

　　海牙國際鴉片條約共分六章，各章內容略述如下：第一章（第一～五條）是有關生鴉片的生產、分配、輸出等條項。第二章（第六～八條）是有關禁遏鴉片煙膏的製造、交易、使用及輸出入的條項。第三章（第九～十四條）是關於取締、製造、販賣、分配、使用及輸出入藥用鴉片、嗎啡、古柯鹼等條項。第四章（第十五～十九條）是有關在中國國內租界及租借地取締鴉片吸食的條項。第五章（第二十～二十一條）是有關各國制定鴉片相關法令、作出及提出統計年報的條項。第六章（第二十二～二十五條）則是規定簽署及批准手續的條項。要言之，此條約是將上海國際鴉片會議的決議書加以具體化。

　　其後，各國於1913年7月召開第二次海牙國際鴉片會議，決議催促當時尚未簽署的各國盡速加入，並於1914年6

15　外務省條約局『阿片ニ關スル條約及決議集』（海牙國際阿片條約及最終議定書，昭和12年），頁1-31。

月召開第三次會議，且不等所有簽署國批准，即討論可否實施條約內容的問題[16]。然而，由於此條約僅有八國批准，其餘各國都設法尋找藉口逃避，以避免負擔麻煩的國際義務。於是，就在各國拖延加入或批准條約之際，第一次世界大戰爆發，各國忙於戰爭，無暇顧及鴉片問題，使該條約因而暫被擱置。

　　第一次世界大戰後，由於歐洲及北美有許多人面臨當時社會的壓力與痛苦，因此轉為追求病態的刺激。特別是美國因與禁酒問題相重疊，使得濫用麻藥的情況顯著增加，鴉片及麻藥成為極大的社會問題[17]。

　　基於此點，美國政府乃在巴黎和會上強力主張，於凡爾賽和約第二百九十五條訂出如下規定：

　　有關締約國於1912年1月23日在海牙簽署的鴉片條約，未簽署國或已簽署但未批准的國家於該條約實施後，不論是為上述目的而暫緩實施條約，或任何場合無法施行該條約，都必須在本條約實施的一年間，同意制定和本條約有關的法令。[18]

16　前揭『支那阿片問題解決意見』，頁161。

17　岸村成允、涉澤信一、賀來佐賀太郎『阿片問題の研究』（國際連盟協會，昭和3年），頁50-51。前揭『支那阿片問題解決意見』，頁161。

18　前揭『阿片ニ關スル條約及決議集』（國際連盟規約及對德和平條約拔粹），頁2。

　　藉由凡爾賽和約的批准，使得和約的全體當事國都須履行海牙國際鴉片條約。但由於土耳其、波斯兩大鴉片生產國及俄國革命後成立的蘇維埃聯邦共和國皆非締約國，再加上打倒清朝政府甫成立不久的中華民國政權不穩，無法確實履行條約的規定和義務等情事，使得條約的效力顯著減弱。

　　然而，國際聯盟的成立對海牙國際鴉片條約的實施有許多方便之處。依據海牙條約第二十四條及二十五條的規定，委由荷蘭外交部處理有關國際鴉片問題的所有事務。因為國際聯盟規約第二十三條規定：「締約國應遵守現行或將來協定提出的國際條約……應委託國際聯盟實行對有關鴉片及其他有害藥物交易的普遍性監視」[19]，因將其委諸國際聯盟負責執行，使得對於鴉片及麻藥交易的監督，明確成為國際聯盟的權限。基於此點，國際聯盟為處理鴉片問題，特別於1921年設置「鴉片諮詢委員會」（Advisory Committee on Traffic in Opium and other Dangerous Drugs），做為國際聯盟理事會的諮詢機構，並於聯盟祕書處之下設置鴉片部，以處理相關事宜[20]。

　　鴉片諮詢委員會係由和鴉片問題關係密切的日本、中國、英國、法國、荷蘭、印度、葡萄牙、泰國等八國組成，

19　外務省『日本外交年表竝主要文書』上（原書房，昭和40年），頁499-500。

20　Frederick T. Merrill, *Japan and the Opium Menace*, New York, pp. 113-14. 宮島幹之助『國際阿片問題の經緯』（日本國際協會，昭和10年），頁3。前揭『阿片問題の研究』，頁53。

國際聯盟理事會也派遣兩名對鴉片問題有學識經驗、造詣深厚的顧問列席，未參加國際聯盟的美國則以觀察員資格出席例會[21]。事實上，美國代表雖只是觀察員，但由過去整個問題進展的經緯來看，實際上反而較委員會正式成員更為活躍。

在制度上，鴉片諮詢委員會雖僅是國際聯盟理事會的諮詢機關，但它的決定幾乎毫無修改地完全被理事會所接納，所以委員會的決定即可視為國際聯盟的意思[22]。因此，該委員會實質上即是國際間處理鴉片及毒品問題的最高機關。基於此點，各國均任命反應靈敏的第一等外交官為代表委員，並於其下配置精通世界鴉片及麻藥問題的人材，以專門委員的身分協助處理問題。日本政府一直到退出國際聯盟為止，先後任命順次、有吉朋、鶴見三三、杉村陽太郎、佐藤尚武、澤田節藏、伊藤述史、橫山正幸等為代表委員，並任命草間志享、宮島幹之助、內野仙一等人為專門委員[23]。

依據海牙國際鴉片條約，締約國每年須向國際聯盟提出統計年報，透過鴉片諮詢委員會對這些年報的審查，掌握世界鴉片及毒品製造、分配、消費的狀況，並察知各國取締鴉片的大致情形。同時，對於有問題的報告，委員會可要求相關國家的代表進行解釋，有時亦出現當面毫無保留地加以批判的事例。由於委員會須將審查結果向國際聯盟理事會報

21 前揭『阿片問題の研究』，頁53。
22 同上，頁53-62。
23 前揭『國際阿片問題の經緯』，頁5。

告、公佈，因此各國爲顧及國家形象，均屬行對鴉片及毒品的取締，故在防止鴉片濫用方面相當具有成效[24]。

●日內瓦國際鴉片會議

在海牙國際鴉片條約付諸實行之後，卻發現其規定存在若干缺陷，由於不正當的交易業者巧妙地利用這些漏洞，使得預期效果無法充分達成。這是因爲鴉片及鴉片製品在醫藥用或學術用的名義下被大量濫用的關係。爲除去這些弊端，各國決議限制鴉片生產乃是當急之務[25]。有鑑於此，美國政府在1923年5月基於國會決議，去電國際聯盟祕書長，認爲第五屆鴉片諮詢委員會應做成有關毒品交易的提案[26]。美國建議該提案的要旨應包括下列幾點[27]：一、除醫藥用及學術用目的以外，使用鴉片產品即是濫用，是不正當的行爲，違反海牙鴉片條約的精神。二、爲防止鴉片的濫用，須限制鴉片的生產，故有必要去除用於非正當目的的過量生產。

毋庸贅言地，對獨占世界鴉片生產、運輸、製造、販賣利益的英國而言，當然無法接受美國的這個提案。英國主張鴉片生產的限制應由生產國自行決定，並僅限於製造及使用的限制，因此對該提案毫不讓步，使得鴉片諮詢委員會出現美英的激烈對立。然而，諮詢委員會最後還是接受美國的提

24　同上，頁5-6。

25　前揭『阿片問題の研究』，頁57。

26　國際連盟協會『阿片會議の解說』（大正14年），頁16。

27　同上註。

案，向國際聯盟理事會提出正式建議[28]。

在美國人道外交攻勢下成爲眾矢之的的英國，立即向諮詢委員會提出相對提案[29]。其要旨是區分容許吸食鴉片的國家和專爲醫藥用或學術用而製造麻藥的國家，主張分別召開兩個國際會議。此項提案亦爲諮詢委員會所接受，而英國眞正的目的是隔離將對鴉片問題採取最嚴厲態度的美國。因爲當時美國在其殖民地菲律賓亦嚴格禁止吸食鴉片[30]，故可將其從容許吸食的集團中排除。英國的這項計謀其後在國際鴉片會議引起軒然大波。

國際聯盟理事會依諮詢委員會的建議，於1924年11月在日內瓦召開第三次國際鴉片會議[31]。以英國的提案爲基礎，理事會預先將會議分爲兩個部門，第一會議是領土之一部分或全部容許吸食鴉片的國家，由日本、中國、英國、法國、荷蘭、葡萄牙、暹邏、印度等八國代表組成，主要是協議有關吸食鴉片的問題；第二會議是有關生產及使用醫藥用或學術用麻藥的會議，由國際聯盟全體會員國的代表參加[32]。由於將鴉片問題分爲兩個會議討論，原本就不合理，因此美國代表自始即表示不滿。由於預見此次會議將偏離主題，日本

28　同上，頁16-17。

29　前揭『阿片問題の研究』，頁56-57。

30　國際連盟極東阿片問題調查委員會『極東阿片問題』（國際連盟極東阿片調查委員會報告書，國際連盟協會，昭和8年），頁154-61。

31　一般說來，此次雖爲第二次會議，但這是因爲未計算1909年於上海召開的會議之故。本書則將上海會議視爲第一次會議。

32　前揭『阿片問題の研究』，頁57-58。

政府即企圖藉機洗刷以往在國際鴉片會議上的污名[33]，且爲充分對應問題發生的糾紛狀況，任命歷任台灣總督府專賣局長、總務長官的賀來佐賀太郎等重量級專家，擔任日本政府的首席全權代表[34]。

在排除美國這個國際鴉片問題的監督者之後，第一會議成爲「貓不在時的老鼠聚會」，原本可以想見是一片祥和地討論至散會，但意料之外的是，當時的鴉片問題兩大前科重犯──「生產的英國」和「走私的日本」，卻因爲日本走私鴉片至中國的問題而引發正面衝突[35]，會議多次瀕臨破裂。然而，在賀來首席代表的努力下，終於通過「日內瓦第一鴉片條約」（First Opium Convention of February 11th, 1925）[36]，使第一會議能順利結束[37]。

日內瓦第一鴉片條約僅適用於允許吸食鴉片的地域（以日本爲例，即限於台灣及關東州等地）。其要旨爲：一、生鴉片及煙膏的輸入和分配爲政府獨占事業。二、鴉片吸食僅限已成癮者，且嚴禁未成年者吸食。三、限制鴉片煙膏的賣店和煙館的數量，並禁止煙灰的買賣。四、禁止自輸入吸食用鴉片的地區輸出鴉片，鴉片通關和存關須有輸入國政府交付的

33　在國際鴉片會議及鴉片諮詢委員會席上，日本和英國常常立於被告的立場。換言之，兩國係被當作凶手來對待。關於此點，本書將於次節詳述。

34　前揭『阿片會議の解說』，頁15-18。

35　此問題將於次節詳述。

36　前揭『阿片ニ關スル條約及決議集』（壽府阿片條約），頁1-20。

37　前揭『國際阿片問題の經緯』，頁6-7。Merrill, op. cit, pp. 114-18.

輸入證明書。五、召開會議以促進各國合作取締不當交易和
交換情報，以及審查海牙條約和本條約的實施狀況。但值得
一提的是，該條約並未提及美國所主張的對鴉片過剩生產的
限制。

　　另一方面，美國代表出席的第二會議一開始即「殺氣騰
騰」[38]，整個會議過程可說是波瀾萬丈。對於那些協助英國
封殺美國策略的相關各國，美國抱持著強烈的不滿，故在會
議上一直是採取不妥協的強硬態度[39]。原先美國國會在決定
參加會議時，即通過四萬美元的預算為會議經費，並強調若
不能滿足限制鴉片過剩生產的必要條件，美國即不簽署任何
條約，甚至不惜退出會議。同時，在會議中預定由熱心鴉片
問題的婦女團體或宗教團體代表公開陳述意見，並邀請多位
各國新聞記者列席旁聽[40]。因此，第二會議自始至終均是如
火如荼地激烈展開。

　　在第二會議中，美國首席代表布蘭特一開始即對鴉片
諮詢委員會為本次會議所準備的資料表示不滿，主張應將討
論的範圍做廣義的解釋。換言之，會議的對象不應限定於麻
藥，亦應包括第一會議的鴉片吸食議題。在此問題尚在討論
之際，第一會議方面已簽署日內瓦第一鴉片條約。在目睹第
一鴉片條約的內容之後，美國代表即發表緊急聲明，保留在
第二會議提出第一會議討論事項的權利，並主張限制鴉片、

38　依據相關人士的回憶指出，前揭『國際阿片問題の經緯』，頁7。

39　前揭『阿片會議の解說』，頁28。

40　同上。

古柯鹼等的生產,修改剛出爐的第一鴉片條約,提出於十年
內禁絕鴉片吸食的決議案等。美國代表更反覆強調其提案為
總統的主張、國會的決議,並受到舉國輿論的支持,是真正
的國家政策,因此一步也不能退讓[41]。

　　對於美國的提案,英國代表逐一表示反對,而與美國代
表展開激烈的論戰,使會議陷入混亂的局面,從而被迫一再
休會。英國方面的相對主張,主要是認為禁遏麻藥和吸食鴉
片為完全相異的問題,前者是以土耳其和波斯為中心,後者
則是以印度和中國的鴉片為原料,而前者是較後者更為緊急
且重要的問題。然而,美國代表視其為詭辯。其間,日本代
表雖曾嘗試調停斡旋,但因兩者的對立過於激烈,終於毫無
成果而以失敗告終[42]。

　　儘管美國代表揭櫫人道與正義而奮戰,並獲得國際輿論
的強力支持,但在第二會議上幾乎是處於孤立的狀態。這是
因為出席會議的主要國家均在東南亞擁有殖民地,而美國的
提案等於是斷絕其在殖民地經營上最重要的財源[43]。美國在
孤立無援的狀態下,終於只有被迫退出會議[44]。

　　在美國退出會議之後,一直沉默觀察美國代表奮戰的中

41　前揭『阿片問題の研究』,頁59-60。前揭『阿片會議の解說』,頁28。

42　前揭『阿片問題の經緯』,頁7-8。前揭『阿片會議の解說』,頁28。

43　除日本之外,根據國際聯盟遠東鴉片調查委員會的調查報告,鴉片收入在
　　遠東各國殖民地的歲入中所占比率,以1920(大正9)年為例,約20%～
　　50%之間(前揭『極東阿片問題』,頁63-65)。對此應抱有「各國在帳
　　目上多少都申報過少」的疑慮。

44　Merril, op. cit, pp. 116-17.

國代表亦突然追隨退出會議[45]。美國的鴉片政策在防止本國及菲律賓受到鴉片污染，有其國家利益的考量，而拯救中國的鴉片禍害，亦是形成其政策的重要原因。因此，中國代表的行動可說是一種道義的舉措。

在中美兩國退出會議之後，留在第二鴉片會議的其他國家即迅速整理各項議案，通過「日內瓦第二鴉片條約」（Second Opium Convention of February 19th, 1925）[46]。此條約主要涉及麻藥及原料事項，要旨大致如下：一、有關取締生鴉片、古柯鹼的生產、分配、輸出入等事項。二、有關麻藥的國內取締事項。三、有關印度大麻不當交易的取締事項。四、有關國際交易的取締事項。五、有關設置監督條約履行狀況的中央鴉片委員會事項。六、有關條約解釋或適用等雜則。

無論是第一或第二鴉片條約，日本均曾簽署。然而，因中美兩國退出會議，使會議成果幾乎減半。有鑑於美國在上海鴉片會議以來的行動，一般咸認美國可能會再召集國際會議推動，但由於美國已心灰意冷，結果終究未能有進一步的動作[47]。

如上所述，鴉片問題已從環繞著中國的地區性問題，發展為世界性的國際政治問題。

45　前揭『國際阿片問題の經緯』，頁8。

46　前揭『阿片ニ關スル條約及決議集』（壽府阿片條約），頁1-52。

47　在日內瓦國際鴉片會議後，雖曾再召開幾次和鴉片問題有關的會議，但並未討論美國所主張的根本問題，幾乎都只在處理一些旁枝末節。

三、國際鴉片問題與日本

　　一直到退出國際聯盟爲止，日本出席所有關於鴉片的國際會議。這不僅是因爲日本在台灣或關東州設有鴉片專賣制度，更因爲與中國的鴉片（特別是麻藥）問題有極深的關聯所致。

　　在國際鴉片會議上，英國和日本被視爲「元兇」。英國因爲控制印度洋，所以除印度鴉片之外，實質上連土耳其或波斯的鴉片亦是由其控制[48]。因此，各國對英國的激烈指責，是因爲英國獨占世界的鴉片生產、輸送與販賣的利益。相對於此，日本遭到非難的原因，是「走私貿易如同大盤專賣，因而亦以法庭上的被告處理」[49]。

　　日本陷入此種境地的原因很多。其中之一是截至目前爲止仍被忽略的，也就是英國所設的計謀。英國透過掌控部分日本人的行爲，努力地想將鴉片的污名多少轉嫁給日本。雖然英國和日本在鴉片問題上均爲被告，但國際聯盟鴉片諮詢

48　土耳其、波斯、印度是世界三大鴉片生產地。由於鴉片的消費地是東亞，故土耳其、波斯的鴉片若不經由英國控制的印度洋及其港口，將無法送達消費者手中。於是，英國利用此一地利，以通過費及管制輸送來控管土耳其及波斯的鴉片。參照荒川淺吉『阿片の認識』（昭和18年），頁38。

49　國際連盟協會『阿片會議の解說』（大正14年），頁28-29。

委員會卻指出：「英國及印度代表（英國人）採取有如國際法官的態度，對日本……不假辭色地嚴屬指責，將攻擊矛頭指向日本。因此，日本在世界輿論下受到相當苛刻的攻擊，處於極爲悲慘困窘的地位。」[50]

在英國的策略下，日本因甲午戰爭、日俄戰爭的勝利，取得向鴉片消費地——中國發展的機會。一部分日本人主張行使這種相當於「戰利品」的權利，以蠻橫的態度恣意揮灑運用，結果侵犯到英國鴉片商人的獨占權益，這些日本人甚至出手染指鴉片或麻藥。同時，日本官憲對日本人走私鴉片或麻藥事件的處理亦不適當，此點更讓國際社會加深日本官民一體從事走私的印象。

中國的「十年禁絕（鴉片）計畫」雖因辛亥革命而被淡化，但日本在第一次世界大戰中及其後數年占領青島期間，曾利用台灣總督府製造鴉片煙膏的過剩設備，向青島輸出鴉片煙膏。中國認爲這項正式輸出和其後的民間走私，乃是鴉片禁絕計畫失敗的原因，數度向日本政府提出嚴正抗議[51]。

第一次世界大戰以來，日本將嗎啡、古柯鹼國產化，因此要製造數量龐大的麻藥必須申報。然而，日本製造業者「只要申報即可大量生產麻藥，此爲對中國……走私麻藥的根源。如此一來，當然散播大量的毒害……供給中國麻藥的國家（如英國、德國、瑞士等），比比皆是」，但「就日本的情

---

50 佐藤尚武『回顧八十年』（時事通信社，昭和38年），頁199。

51 台灣總督府專賣局（松下芳三郎）『台灣阿片志』（台灣日日新報社，大正15年），頁449-52。

況而言，第一，當局的取締太過寬鬆，只要求申報⋯⋯但毋須受製造量的限制。即使是成品的買賣，只要藥商有申報，即可自由交易」[52]。

因此，助長日本人在中國走私鴉片或麻藥的元兇，乃是麻木不仁的日本官憲。若舉例而言，可參照日本外交官石射豬太郎的天津領事裁判事件。

石射1887（明治20）年出生於日本福島縣，中學畢業後前往中國。1908（明治41）年畢業於上海東亞同文書院，在大連的滿州鐵道會社（滿鐵）工作四年後歸國。在中國生活期間，當然對中國嚴重的鴉片禍害感同身受。返回日本之後，石射爲「獲取明天的麵包」，於1915年起擔任外交官[53]。石射外交官認爲「自己的本事要在中國工作才能發揮」，而於1917年1月起派任天津總領事館。石射最初處理的領事裁判，即是日本人走私麻藥的事件。他對此事件的回想如下：

當我在狹窄法庭內高起的判事席就位時，俯視被告或旁聽者的心情，總有些優越感。在事實調查終結時，處理檢察官事務的警察署長發表「就既呈證物及本人自白，被告罪狀十分明白。有鑑於此類事件頻繁發生，應處以嚴刑，以昭炯誠」。在律師對此發表一些反駁意見之後，我就本案作成判決。「被告處以懲役六個月」⋯⋯署長向我表示稍等片

52　前揭『回顧八十年』，頁199-200。

53　石射豬太郎『外交官の一生』（太平出版社，昭和47年），頁13。

刻，將我拉至法庭外的走廊，向我說：「六個月太長……六個月的懲役會吃垮我們，警察署的財政無法負擔，因爲預算不夠……最多只能供應兩個月……拜託您，就判兩個月吧！」檢察官居然跟我討價還價。我迫於無奈……只得「取消剛才六個月的判決，改判被告兩個月的懲役」。由於刑罰變輕，律師亦未提出陳情，此事就此結案。但事後於坊間卻偶爾聽見流言，嘲笑地說：「此次新來的外交官是個可怕的傢伙，自己一個人居然想身兼大審院（當時的最高法院）的職權」……這是我首次演出這類**喜劇**，但經過三、四件之後即逐漸習慣。[54]

　　這種領事裁判有如肥皂劇。雖然原本應該表現罪惡感，但石射卻輕鬆地以**喜劇**說出，其中幾乎看不到在中國工作的外交官應有的本領與常識。此種外交官的態度，間接助長獲取暴利的麻藥犯罪。同時，與明治初年橫濱英國領事裁判所的哈特雷事件相比，日本官憲在被害者與加害者立場對調時，其態度顯然有雲泥之別。

　　於是，在石射擔任外交領事的天津地區，可說是鴉片或麻藥走私買賣的巢窟，由於犯罪者大多爲日本人，因此石射處理的案件相當多。在調離天津之前，日本司法省在對領事裁判進行實態觀察後，石射被褒獎爲「目前所見，天津的

54　同上，頁33-34。

裁判最爲順利、表現最佳」[55]，但若石射的判決是「表現最佳」，則可推知其他領事裁判的狀況低落至何種情況。

同時，日本官憲在中國直接參與鴉片或麻藥走私者亦多有所聞。例如《戰爭與日本鴉片史》一書即曾記載過去軍方「特務機關與鴉片有無法切割的關係」，以及「軍費調度亦由此特務機關以販賣鴉片爲主軸公然進行」等[56]。然而，特務機關即是諜報機關，假使參與鴉片的販賣亦必須「隱密行動」，一般人應無由得知。同時，雖然鴉片的利益極大，但單以特務機關販賣鴉片即能籌集軍費，則日本軍事預算將置於何地？因此，上述說法應屬過於誇大無疑。但是，即使是誇張的流言，已足使日本代表在國際鴉片會議上立於被告的地位，必須艱苦地回應各種尖銳的責難。

最使日本苦惱的流言是《紐約時報》在1919年2月14日的一篇報導。該報導以「譴責日本人走私鴉片」爲標題[57]，內容係轉載自前一年12月21日天津英國系報紙《華北前鋒報》（*The North China Herald*）。其要旨如下：

……關於日本人在中國的鴉片交易，不僅**日本銀行**（The Bank of Japan）給予金融上的便利，連在中國的日本郵局亦參與協助。……由於目前在歐洲無法取得嗎啡，因此將其製造移往日本，由日本人加以生產。又因此種日本製嗎啡輸入中

55　同上，頁34。

56　二反長半『戰爭と日本阿片史』（すばる書房，昭和52年），頁139-40。

57　*The New York Times,* Feb. 14, 1919, New York.

國，使得中國每年必須支付日本數百萬圓的鉅款。……供給
嗎啡的主要手段是日本的郵局。依據條約的規定，日本郵局
所處理的小型郵包，中國的海關並不能檢查。中國海關只能
從郵包上的說明來了解其包裝內容。因此，日本製嗎啡即以
小型包裹的管道陸續輸往中國，數量之多須以噸計。單以目
前手邊數量粗估，每年即達十八萬噸之量，且有逐漸增加的
趨勢……嗎啡買賣與鴉片交易的中心是大連和青島。大連和
青島的海關都在日本的管理之下，而且是日本軍控制的地
域。因此，在**日本官憲正式或非正式**參與交易的情況下，中
國方面完全無法干涉。尤有甚者，**一位在大連從事鴉片交易
的大盤商竟被授與市府最高榮譽職位**……

　　要言之，此項《紐約時報》的報導揭發日本官民一體參
與鴉片或麻藥走私交易的事實。此項使日本惡名廣佈全球、
最具效果的報導，雖說是根據《華北前鋒報》特派員的實地
調查，事實上恐怕是該特派員整理眾多傳聞所成。至少前述
在大連從事鴉片交易被授與市府最高榮譽職位的大盤商，經
查證是「大連市民政署長」之誤。即從誤認正規官吏為榮譽
職位一事來看，即可證明他從事的實地調查並不徹底。

　　此報導後來在日本國內得到迴響，日本全國被鴉片的黑
霧所籠罩。1921（大正10）年的第四十四屆帝國議會中，反政
友會系的在野黨議員提出此項報導，並以「對外背棄國際信
義，對內極度紊亂官紀」的理由，提案追究內閣的責任。然
而，日本政府否認有私賣鴉片的事實，使決議案在多數反對

下遭到否決[58]。此雖為「關東廳鴉片事件」[59]的開端，但帝國議會內的辯論及關東廳的判決，更引起歐洲各界的迴響，形塑成日內瓦第一鴉片會議的黑色面具。

另如1914年12月，關東廳指定中國人設立的慈善團體「宏濟善堂」，為關東州地區輸入、製造和販賣鴉片的特許專賣機關。管理宏濟善堂鴉片事業的戒煙部係依據大連民政署的推薦，由關東廳認可的理事和職員從事營運，理事均受關東廳和大連民政署的指導監督。戒煙部所獲利益則透過大連民政署，向關東廳繳納特許費[60]。1921年度的特許費約達五百萬日圓之譜[61]。

1919年2月，中野有光接任大連市民政署長。他在拓殖局長官古賀廉造的指使下，推薦小畠貞次郎等出任戒煙部理事，共謀大量廉價販賣鴉片，甚至向中國國內走私鴉片，以侵吞其間的暴利。此即是關東廳鴉片事件的概要[62]。該事件經關東廳法院裁判，最後於1923年8月判定古賀等人有罪[63]。

單從裁判紀錄探索古賀等人參與事件的真相並無意義。事件的擴大，源自《紐約時報》的報導，而該報導係轉載自1918年12月21日的《華北前鋒報》。中野有光出任大連市民

---

58 大日本帝國議會誌刊行會『大日本帝國議會誌』第一二卷（昭和4年），頁1425-31。

59 大井靜雄『阿片事件ノ真相』（非賣品），頁1-15。

60 關東廳『關東廳施政二十年史』（原書房，昭和49年再版），頁356。

61 前揭『阿片事件ノ真相』，頁5。

62 同上，頁3-4。

63 同上，頁43-44。

政署長與《紐約時報》刊載此報導約爲同一時期。因此，在野黨議員於第四十四屆帝國議會依據《紐約時報》的報導，所追究的應是中野有光的前任者。然而，該號人物自始至終均未浮現檯面，此點充分顯示此事件背後的複雜性與光怪陸離。

在野黨凸顯問題的目的，在於揭發原敬與政友會的政治資金來源，並加以打擊。原氏在1921年4月12日的日記中記載：「反對黨傳聞政友會本部利用鴉片問題收取選舉費用」，並在一個月後的日記中提及：「山縣（伊三次）關東廳長官上京來訪，報告鴉片問題的調查情況。目前被告人等表示受到古賀拓殖長官的指示……雖係友人之事……余每每警告古賀，應注意因辦事粗陋而遭某事牽連受累。」[64]對原內閣而言，帝國議會已暫時否決在野黨的攻擊，乃思考進一步適當的處理方針。結果此事件因內閣更替，於加藤友三郎內閣時的伊集院彥吉關東廳長官任內，因法院做成最終判決而暫告落幕。

就事件的解決來說，由於內閣及殖民地長官的更替，方使得判決與先前原內閣的答辯相反，將被告判處有罪。此乃因殖民地的司法完全置於殖民長官的指揮之下所致[65]。

在國內方面，或可就上述判決加以說明交代，但在國際方面，至少等於間接承認《紐約時報》的告發有部分事實，

---

64 原敬『原敬日記』⑨（首相時代下，乾元社，昭和25年），頁272-302。

65 中村哲『植民地統治法の基本問題』（日本評論社，昭和18年），頁84-86。

而日本政府未處罰大連市民政署長中野有光的前任者，多少有蓄意模糊問題之嫌，埋下被輿論指責的火種。

如前所述，英國駐外官憲保護其鴉片商人的利益，可說相當積極。特別是為將牽扯鴉片的污名轉嫁給日本，其駐外使領館更設置蒐集日本人買賣鴉片或麻藥的專責官員[66]。

另一方面，直至二次世界大戰終了為止，英國以「路透社」完全控制蘇伊士運河以東的通信網[67]。因此，英國官憲所蒐集的日本人的「犯行」，極易傳達至世界各地。相對地，日本在野黨議員用來攻擊原敬內閣的材料，亦幾乎全是經由路透社通信的海底電纜，而被日本報紙刊載的內容。《紐約時報》的報導當然亦不例外。

然而，告發日本人罪行的不單是英國而已。以二十一條問題為契機，中國人的反日情緒日益高漲。在中華民國政府成立之後，中國國內雖然仍四分五裂，但外交上卻以統一國家的形式展開活動。特別是在國際會議上，以留美學生為中心的中國外交官操著流暢的英語，屢屢適時表現反日情感，藉著鴉片問題痛責日本。以1921年11月召開的華盛頓會議為例，中國代表施肇基即以日本從關東州向中國領土走私鴉片為由，指責日本違反關東州租借條約，甚至要求日本歸還

66　花井卓造『阿片事件弁論速記』（非賣品，星製藥株式會社，大正15年），頁10-15。

67　今井幸彥『通信社』〈情報化社會の神經〉（中央公論社，昭和48年），頁48-52。

關東州[68]。由於鴉片問題最大受害者──中國代表的能言善辯,使國際輿論一致表示同情,同時亦日益增大對日本的不信任。在日本人的鴉片犯罪問題上,中國完全與英國採取相同步調。

英國就鴉片問題對日本展開集中攻擊一事,始於日內瓦第一鴉片會議。如前所述,在日內瓦國際會議召開前,日本已慮及危險的處境,派遣前台灣總督府總務長官賀來佐賀太郎與會。賀來是鴉片及殖民地問題的專家,英文及英語會話均極優秀,是參加該項國際會議的最佳人選。

日內瓦第一鴉片會議召開的時點,正是關東廳鴉片事件最終判決出爐之後。英國代表首先極力攻擊日本,提出在中國各地取得有關日本人鴉片或麻藥事件的新聞報導為證據,力陳日本官民一體從事鴉片或麻藥走私販賣的事實。在日本代表提出反駁後,英國代表立即介紹關東廳鴉片事件,以預先準備的旅順法院判決書,和日本報紙對朝野就該事件的攻防報導,翻譯成各國文字並分送各國代表,證明日本代表的反駁並不正確,而英國代表的指控為實。此點立即在各國代表間引起極大迴響。同時,如同為英國代表助威一般,中國代表亦反覆告發關東廳鴉片事件,並斷言世界最大的鴉片或麻藥走私港口為關東州。此舉使日本代表更陷入困境[69]。

68　前揭『阿片事件ノ真相』,頁24-25。前揭『阿片事件弁論速記錄』,頁11。

69　同上,頁10-15。

　　對於英國和中國代表充滿惡意的指責，賀來全權代表認為是毀損誠實公佈並實踐鴉片政策的日本政府的名譽，甚至等於是公然發表不信任日本政府代表的聲明，既然國際協定基礎所在的國家間相互信賴和尊敬已蕩然無存，日本雖深感遺憾，但只有暫不簽署條約案，並宣佈退席。此項舉動使會議陷入極大的混亂，只得暫時休會[70]。

　　英國指控的焦點均集中於日本官民一體走私販賣鴉片一事，而其證據為《華北前鋒報》特派員實地調查的報導。然而，此項報導本身即是集結許多傳聞而成，並不具充分的證據能力。特別是其中提及日本銀行（The Bank of Japan）為私賣業者提供金融上的便利一事，更是偏離常識的說法。此外，正如此項紀事引發關東廳鴉片事件一般，其在日本國內亦被在野黨用來追究政友會政府的過失，故並不能照單全收完全視為日本政府的政策。

　　同時，在日內瓦國際鴉片會議召開之際，日本政府已是憲政會的加藤高明內閣。以該內政派遣的賀來全權代表為中心的日本代表團，可說是嘗盡以往攻擊原敬內閣所種下的苦果。此點充分浮現政治史上內政與外交的立場差距。

　　賀來全權代表利用休會期間，以其「切中要害的鐵筆」，用英文寫成《日本帝國鴉片政策》（*Opium Policy in Japan*）一書，分送各國代表[71]。該書從日本政府於幕末採鴉

70　前揭『阿片會議の解說』，頁31。

71　Sagataro Kaku, *Opium Policy in Japan,* 1924, Geneva, p.2. 菊地酉治、岩村成允、渋澤信一、賀來佐賀太郎『阿片問題の研究』（國際連盟協會，昭和3年），頁134。

片嚴禁政策開始，特別是在鴉片污染的地區──台灣，爲禁絕鴉片的吸食，而在漸禁政策下設置鴉片專賣制度，並以具體數字羅列說明，表示此舉已逐漸呈現成果，來佐證日本政府並未追求鴉片利益。

此時，英國考慮到業已將美國隔離出第一鴉片會議，若日本再堅持退席，則第一鴉片會議及以其爲基礎所締結的第一鴉片條約的意義將極爲薄弱，再加上攻擊日本的「官民一體」說法證據並不充分，更慮及與美國在第二鴉片會議上的激烈對立，乃接受會議主席荷蘭代表的斡旋，而在英日兩國妥協之下，簽署日內瓦第一鴉片條約[72]。

使日本在國際鴉片會議中陷入苦境的起因，是日本人參與中國的鴉片走私販賣，但賀來全權代表寫成《日本帝國鴉片政策》一書，其意圖是將問題的核心從中國更換爲台灣。此項意圖至少對美國代表發生作用。美國代表在退出會議時發表的備忘錄中，對日本代表團「始終一貫致力誠意協調一事，深表滿腔的感謝」[73]。同時，在會議結束之後，當時美國東部的大報《巴爾的摩太陽報》（The Baltimore Sun）更誇讚日本，指其「依據1912年鴉片會議決定的趣旨，針對撲滅公認鴉片吸食者的原因，誠實說明執行有效措施的事實，此舉僅日本一國爲之，其他諸國均未採取充分的措施」[74]。

美國所稱許的日本鴉片政策，乃是在台灣的漸禁政策，

72　前揭『阿片會議の解說』，頁25。

73　同上，頁28-29。

74　The Baltimore Sun, Mar. 14. 1925, Baltimore Maryland, U.S.A..

而不包括日本人在中國的行動。因此，日本在國際鴉片問題
上的「被告」立場，並不因此而完全免除。當時日本相關人
士雖自誇說：「我帝國在鴉片問題上向來立於極端不利的地
位，被宣傳爲使中國鴉片泛濫的主因，但以此次會議爲契
機，在全世界均值得驕傲的台灣經驗獲得普遍的讚賞，也使
得我帝國被廣泛認同」[75]，但因滿州事變、中日戰爭、太平
洋戰爭引起對外關係的惡化，使國際間一時稍息的對日批判
再度增強。1942年，梅莉爾（F. T. Merrill）執筆的《日本與鴉
片的威脅》（*Japan and the Opium Menace*）一書，經「外交政策
協會‧太平洋問題調查會國際事務局」（International Secretariat
Institute of Pacific Relations and the Foreign Policy Association）刊
行[76]，書中對日本犯行的告發與指責，成爲日後「遠東軍事
裁判」起訴C級戰犯的理由[77]。

雖說敵對國家或戰勝國片面地非難與攻擊未必能全視爲
眞實，但前外交官佐藤尙武對日本人在中國從事鴉片或麻藥
走私販賣一事，有如下的回顧：

……爲何須插手使人痛苦而不名譽的黑暗生意，以獲取
骯髒的利益，因爲別人在做就原諒自己的參與，這對以大國

75　前揭『阿片會議の解說』，頁30-31。

76　Frederick Merrill, *Japan and the Opium Menace,* 1942, New York, pp. vii-xiv.

77　朝日新聞法庭記者團『東京裁判』上卷（東京裁判刊行會，昭和52年再版），頁125-26。

自居誇稱擁有數千年文明的國家並不適宜。……（走私、販賣鴉片）根本是忘卻個人道德與國家國際道義的行為。[78]

同時，日本的中國近代政治外交史泰斗植田捷雄教授，對滿州事變以來日本在中國的鴉片政策，有如下的描述：

……其目的是向中國民眾銷售鴉片，助長其吸食習慣，以使其體力低落，弱化其抗戰意志力，同時以此所獲之利益，做為繼續準備戰爭所需的財源，並充做供應於占領地區樹立傀儡政權的資金……隨著戰果的擴大，日軍及其民間各機關獎勵鴉片及其他麻藥的生產輸入，利用治外法權的存在，以幾乎無限制地販賣方式，展開廣泛的活動……在戒煙的名義下，事實上創設鴉片專賣制度，儼然成為鴉片交易的總源頭……同時，因為日本表面上向世界宣稱，自國已履行對其他有關麻藥取締的條約，並以身為一介當事國，充分與其他相關國家合作……這是日本鴉片政策被各國嚴屬譴責為無恥的背德行為之故。[79]

這段文字雖未列出其根據文獻的出處，但單以植田教授當地體驗之深，應可相信其所言日本對中國鴉片問題參與之深，各國之指責並非無的放矢。

78　前揭『回顧八十年』，頁201。

79　植田捷雄『東洋外交史』下（東京大學出版會，昭和49年），頁613-14。

一、遠東鴉片問題調查及鴉片矯正所

在日內瓦國際鴉片會議之後，由於日本已洗刷私下從事鴉片與麻藥買賣的罪名，使得將美國逐出國際鴉片會議及國際鴉片條約的英國，在當時的國際情勢下，單獨成為眾矢之的。

英國為了擺脫此種困境，並為使曾在日內瓦國際鴉片會議中頗獲好評而成為鴉片問題模範生的日本露出馬腳[1]，遂於1928年8月將如下的備忘錄[2]，遞交予國際聯盟祕書長：

……遠東迄今仍容許吸食鴉片，且禁止鴉片走私可說是全無成效，而逐漸或要完全取締鴉片的吸食，事實上窒礙難行，故為喚起國際聯盟的注意……鴉片走私的問題不只在英國的領土，在其他各國的遠東領土上亦屢見不鮮，且有益發猖獗之勢。英政府有鑑於此，遂提案要求國際聯盟理事會派

---

1 在日內瓦第一鴉片會議中，日本全權代表賀來佐賀太郎曾以英文著書《日本帝國鴉片政策》，說明日本的鴉片政策絕非追求鴉片利益，並特別強調台灣漸禁政策的成果。然而，賀來英文著書裏提到關於台灣的記述，並非全為事實。譬如他隱匿總督府漸禁政策的財政意圖，特別是未對鴉片癮者實施治療一事，雖然賀來曾斷言此事似有存在。

2 國際連盟極東鴉片問題調查委員會『極東阿片問題』（國際連盟極東阿片調查委員會報告書，國際連盟協會，昭和8年），頁1-2。

任有為而公正的調查委員，至遠東針對此事進行調查。……

　　同時，英國政府為使此案能順利過關，亦向日內瓦第一鴉片條約各關係國尋求協助。針對英國政府的提案，日本政府帶頭表示贊同之意[3]。

　　日本政府的考量是，只要將台灣的鴉片專賣制度略做修正，諸如關閉鴉片煙館、籌建鴉片癮者治療醫院等，即能符合日內瓦第一鴉片條約的規定，如此亦能支持獲得國際好評的賀來全權大使的說法。此外，再慮及當時（1928年）鴉片收入只占台灣歲入的3.7%，與以前相比實已降低不少，所以日本政府才會作出此種決定。附帶一提的是，早在英國政府提案之前，日本政府即於同年7月批准日內瓦第一鴉片條約，並於12月將之公佈[4]。

　　對於英國政府的提案，其他各相關國家大致上並無異議。不過，中國政府卻採納美國的意見，提案建議擴大攸關鴉片問題的調查範圍，主張不應只局限於遠東地區，對於鴉片生產、麻藥製造等相關國家亦應一併調查，且調查委員中應納入中國政府的代表[5]。

　　1928年9月，國際聯盟大會同意英國政府的提案，授權

3　同上註。

4　宮島幹之助『國際阿片問題の經緯』（日本國際協會，昭和10年），頁7-8。外務省條約局「壽府阿片條約」，『阿片ニ關スル條約及決議集』所收（昭和12年），頁1。

5　前揭『極東阿片問題』，頁2。

理事會任命三位調查委員負責此案。不過，國際聯盟大會認
爲中國政府的提案牽涉範圍過大，因而決定不予採納。中國
代表對此項決定深感不滿，繼而宣佈拒絕國際聯盟派員於其
領土內從事調查[6]，所以此次調查的範圍並未包括中國。

　　最初，國際鴉片問題抑或是國際鴉片會議的召開，原
本是爲了集合各國力量，協助解決中國境內的鴉片問題。如
今，身爲鴉片問題最大受害國的中國不在調查範圍之內，則
此次調查遠東鴉片問題的意義就大幅降低。不過，此點對與
中國鴉片問題關係密切的日本和英國而言，反而是求之不得
之事。因爲中國既然拒絕國際聯盟的調查，所以中國人直接
對調查委員會的檢舉即不被受理。

　　由於國際聯盟大會的委任，理事會於1929年3月任命三
位對國際鴉片問題持中立態度的委員，他們分別是來自瑞
典的艾瑞克・艾克斯唐德（Erik A. Ekstrand）、比利時的麥克
斯・基拉德（Max L. Girard）與捷克的楊・哈布拉薩博士（Dr.
Jan Hablasa）[7]。

　　相關諸國同意三位委員在以下地區進行鴉片問題調查[8]：

法國：中南半島全境、廣州灣（廣東省湛江縣）
英國：緬甸、海峽殖民地（麻六甲除外）、馬來聯邦州、
　　　沙撈越、英屬汶萊、香港

6　同上註。
7　同上，頁2-3。
8　同上，頁3。

　　日本：台灣、關東州、南滿州鐵道附屬地

　　荷蘭：荷屬東印度（約今日印度尼西亞全境）

　　葡萄牙：澳門

　　暹羅：全境

　　從上述調查範圍的限定，顯示日本政府及英國政府間存在著相當大的差異。易言之，日本政府將符合日內瓦第一鴉片條約規定的所有領域皆列入調查範圍，但英國政府並未如此。如後所述，儘管調查委員一行曾行經麻六甲地區，但麻六甲卻未列入調查名單。再者，調查委員一行從新加坡搭乘火車到馬來聯邦首府吉隆坡的途中，雖經過位在馬來半島南端的柔佛州，但柔佛州亦未列入調查名單。如同麻六甲一般，柔佛州為馬來半島上吸食鴉片的重鎮[9]，身為統治者的英國，在貪圖鴉片所帶來的可觀收益下，自是不希望調查委員觸及這幾個敏感的地區。

　　調查委員為調查「關係國政府是否順利完成1912年海牙國際鴉片條約第二章及1925年2月日內瓦第一鴉片條約所揭義務的執行措施；關於遠東鴉片的非法交易性質及程度上的不正當交易帶給履行上述義務時的困擾」[10]，而於1929年9月

9　柔佛州是許多吸食鴉片的華僑居住地。英國統治當局於1920年提出的報告裏，曾記載當年鴉片收入和歲收的百分比曾達39.39%（前揭『極東阿片問題』，頁63-64）。無論口頭上是否信任這份報告，但心中還是多少會有疑問。

10　同上，頁25。

4日，由日內瓦出發開始進行調查[11]。

調查委員答稱：「相對於在菲律賓諸島的視察，美國政府⋯⋯對調查委員一行人的請求，希望得到有關島上現行禁煙制度的實況報告，而在遠東旅行的途中，我們得到視察朝鮮的機會，以及了解當地取締栽培罌粟花的實況。然而，應日本政府之邀的調查委員一行⋯⋯為了前往東京和中央政府當局協議，而將其他行程延後。」[12]

日本政府不但積極地回應國際聯盟調查一事，更是親切、慎重地接待調查委員一行。調查委員一行原先的計畫是自日內瓦啟程，經地中海、橫跨印度洋，在結束東南亞各地鴉片問題的調查之後，再從台灣轉赴大連，於調查滿鐵附屬地之後，搭乘西伯利亞鐵路返回歐洲。但是，在日本政府大力邀約之下，決定改變行程，先經朝鮮，赴日本名勝（如京都、奈良）觀光。尤有甚者，回程改由橫濱搭船赴加拿大、橫越北美大陸、渡過大西洋，而於1929年5月12日返抵日內瓦。結果，這一行人歷時八個月愉悅地環遊世界一週[13]。當時，台灣的台灣人報紙《台灣民報》曾記載日本政府將調查委員一行奉為國賓招待，並提出這種行徑幾近為收買的看法[14]，並不能說是空穴來風。

11　同上，頁5。

12　同上，頁3-4。

13　同上，頁5-6。

14　台灣民報社『台灣民報』，昭和5年2月15日，同年3月8日，同年3月15日。

　　不論是否有收買行爲，自調查委員一行於1929年9月24日從緬甸開始進行調查，至翌年3月30日在朝鮮完成最後的視察爲止，歷時六個月的調查於此告一尾聲。隨後，在返回日內瓦半年之後的11月，向國際聯盟理事會提出《遠東鴉片問題》調查報告書[15]。

　　調查報告書的內容共分四篇：第一篇載明調查原由及方法；第二篇說明遠東地區一般吸食鴉片的現象；第三篇則記述實際執行鴉片取締、履行國際義務和取締違法交易時所遭逢的問題；最後，第四篇則爲調查委員會的結論與對當事國及國際聯盟的建議。至於調查方法則包括各殖民地當局提供資料、實地觀察、與相關者面談等，其中特別是與相關者面談爲其重點所在。

　　根據報告書，可以得知委員們在調查期間曾與606人進行面談（詳見表1）[16]。從表1中顯示，受訪者中來自日本（其中包含台灣、關東州、朝鮮）的人數計有193人，占全部受訪者人數的三分之一，其中單是台灣的受訪者即達140名之多。由此見得，台灣可說是此次調查中最受重視的地區。

　　姑且不論英國政府提議調查遠東鴉片問題的居心爲何，日本政府之所以接受委員一行調查之事，亦應有其考量才是。我們或可認爲是日本政府欲趁此次調查的機會，向國際聯盟表明自己並未貪圖鴉片收益，日本政府在台灣推行鴉片

15　前揭『極東阿片問題』，參照序文。

16　同上，頁8-9。

漸禁政策的成果非僅為宣傳之用，以及在關東州的鴉片問題有其自身困難等。日本政府和英國同為主權獨立的國家，因此日本政府本可如英國政府一般，將不願被調查的地區（馬來非聯邦州）排除在外，但日本政府卻是積極地回應。

表1　調查委員面談對象

	緬甸	英屬馬來亞			荷屬東印度	暹邏	法屬印度支那	廣州灣	香港	澳門	台灣	關東州	菲律賓	朝鮮	日本	合計
		海峽殖民地	聯邦州	非聯邦州												
鴉片專賣局官員	21	6	4		6	10	8	3	6	5	6	7				82
財務·教育·港灣警察相關官員	54	4	6		12	12	5	2	9	6	13	9	22	2	3	159
教會代表	7	3			2	3	3		4				2			24
歐洲人代表	2	3			3	2	5		5			7				27
當地人代表	6				4		1				117	2				130
華僑代表	7	7	7		5	1	11	3	4	1		5	3			54
反鴉片團體代表	5	5	5		5	2										22
醫師代表	5	6	3	1	7	5	4		10	2	3	10	3	2		61
勞動者代表	5	5			3				9		1	2				25
鴉片吸食者		1	1		6		3		1			7				19
其他	1					1	1									3
合計	113	40	26	1	53	36	41	8	48	14	140	49	30	4	3	606

　　如果我們只看報告書關於日本政府的評價，則可說是完全達到日本所期待的目的。報告書中先介紹有關各國無關痛癢的問題，並再三強調鴉片問題是何等複雜、棘手且牽連甚廣的問題。然而，在提及日本內地及朝鮮時，卻特別記載此地為絕對禁止吸食鴉片之處。尤有甚者，在提及關東州的敘述中，更指出因為「在769,000名定居中國人（支那人）中，約有31,000為合法允許吸食鴉片者。此外，尚有非法吸食鴉片者，但其人口數不明。每年有數千中國苦力為了謀生前來滿州，他們皆會經過港灣大連，而來往大連的苦力人數，較關東州租借地的總人口還多。由於這批人中存在許多非法吸食鴉片者」，所以委員一行在「研究大連港的非法交易問題並順便視察苦力的勞動情形」之後，寫出替日本政府辯護的報告[17]，強調只要無法阻止中國內地蜂擁而至的移民或難民，即難以解決此處的鴉片問題。此舉等於是暗示日本政府絕無貪圖鴉片利益的情事。

　　關於台灣的部分，則稱許台灣無論是在遏止鴉片吸食或是採取漸禁措施方面，都是足為其他地區表率的優良模範。特別是對於如何治療煙癮病患的情形，有如下的記述：

　　台灣是唯一以法律規定對吸食鴉片者進行強制治療的地區。台灣總督命令吸食鴉片者一律接受治療，不依規定接受治療者，將以法律處罰之。鴉片煙癮病患除可在官設醫院

17　同上，頁145。

附設的特別鴉片病房接受診療之外，**亦可在醫生的特別監督下，於自宅中為之**……[18]

此項關於治療吸食鴉片者的報告，是傳達總督府為了彌補賀來佐賀太郎於日內瓦第一鴉片會議中所做的不實宣傳，而於事後急就章地施行特別措施的狀況。同時，上述所謂醫師特別監督下進行在宅治療一事，則完全與事實不符，只因委員們相信總督府官吏的虛假說明罷了。

在調查委員來台探訪前，台灣總督府為配合賀來在日內瓦所做的宣傳，緊急施行多項補救措施，其中最主要的是所謂鴉片吸食者的治療。調查委員一行人預定於1930（昭和5）年2月19日至3月2日停留台灣[19]，但總督府卻在調查委員抵達的一個多月前突然公佈「台灣總督府鴉片矯正所規程」，並於翌日大張旗鼓地倉促施行[20]。

為將成果呈現給調查委員一行，而在匆忙中設立「鴉片矯正所」，但事實上並非如報告書中聲明的「官設醫院附設的特別鴉片病房」，而是將總督府中央研究所衛生部附屬瘧疾研究病房的三十張病床改裝，並挑選三十名吸食鴉片患者入院接受治療[21]。

另一方面，如次節所述，為配合調查委員來台的行程，

18　同上，頁141-42。

19　同上，頁9。

20　台灣經世新報社『台灣大年表』（昭和7年3月第三版），頁187。

21　台灣總督府警務局『台灣／阿片制度』（昭和14年），頁12。

發起台灣人「反對增發鴉片吸食特許運動」。總督府擔心台
灣人接受調查委員訪談時洩漏「鴉片矯正所」乃臨時設立之
事，所以緊急採取許多消音的措施。其中包括派任頗服民心
的台北醫學專門學校教授杜聰明擔任矯正所的醫務局長，此
舉咸認為是最恰當的做法[22]。因此，台灣人不但未洩漏矯正
所一事，甚且滿懷期待地慶祝鴉片矯正所的開設[23]。

　　不論倉促設立的矯正所是否為刻意的產物，但此舉持平
而論不只是在日本史或是台灣史上，甚至應被視為人類史上
的一大壯舉[24]。自後藤新平的鴉片漸禁政策，實施鴉片專賣

22　有關杜聰明教授的略歷及生涯將於次章略述。在此將舉以下例子說明杜教
　　授如何在台灣人中擁有信望。
　　1931年7月底時，台灣民眾黨的最高幹部蔣渭水因為傷寒病例，由於要實
　　施強制隔離治療，故住進總督府立台北醫院。蔣氏入院之際，台灣民眾黨
　　的幹部因顧慮官憲在蔣所服用的藥物中下毒，故要求蔣所服用的藥物自調
　　劑以迄服用後和注射及其他醫療上的處置，都須有杜聰明教授在場了解為
　　條件，才讓蔣氏入院。
　　蔣氏在世時，由於指導激烈的抗日運動，故被總督府以惡魔待之。蔣氏雖
　　於同年8月5日於醫院病歿，然台灣人間並無盛傳總督府毒殺或謀殺的傳
　　言。這是因為信任杜教授及杜教授自始至終都在場的結果。當然，總督府
　　特例承認杜教授的在場也是英明的決斷。參照杜聰明《回憶錄》（杜聰明
　　博士獎學基金管理委員會，民國62年），頁219。

23　前揭《回憶錄》，頁80-81。
　　杜聰明教授在開設鴉片矯正所及就任此所的醫務局長時，曾發表談話表
　　示：「鴉片癮者應信賴現代醫學的進步，踴躍接受治療，脫離長年的痛
　　苦。」（前揭『台灣民報』，昭和5年1月18日）杜教授的談話，意味著對
　　總督府倉促設立的鴉片矯正所，予以積極性的評價。再者，台灣民眾黨的
　　機關報《台灣民報》亦將原文登載其上，表示該黨以間接方式支持矯正所
　　的開設。

24　前揭《回憶錄》，頁80-81。前揭『台灣民報』，昭和5年1月18日。

制度以來，其中未臻完備之處，至此終於得以補救。

　　開設鴉片矯正所可說是國際鴉片會議及國際聯盟鴉片諮詢委員會重重壓力下的產物。日本政府在考量國際社會對鴉片問題所持的輿論，以及爲維持在日內瓦鴉片會議所得的好評，因此對爲做給調查委員參觀而設立的鴉片矯正所，不但未視爲一時性的表面工作，反而在日後被迫要繼續保持，甚至擴大[25]。此點可說是台灣鴉片問題的一項新的轉機。

二、反對增發鴉片吸食特許運動

●反對運動的原因

　　異民族的殖民地支配幾乎都是以暴力爲中心而建立的一種強權，其必然會引起被統治民族的反抗運動。日本對台灣的統治自不例外。台灣人的反日運動可以1914（大正3）年爲界，分爲兩個時期。前期爲武力抵抗，後期則以政治運動爲主[26]。

　　後期的政治運動始於1914年11月板垣退助來台的契機。當時，台灣人在板垣民主思想的影響下，發起台人應與日人

25　如同第六、七章所述，鴉片的矯正事業以國際聯盟的調查委員訪台爲契機開始運作，於後來逐漸強化，最後終於一掃台灣人吸食鴉片的惡習。

26　許世楷『日本統治下の台灣─抵抗と彈壓』（東京大學出版會，昭和47年），頁161-66。

享有同等權利與待遇、受相同教育的運動，而以此爲主旨而成立「台灣同化會」。此項運動雖給台灣人的民族運動帶來新的轉機，卻因總督府認爲時機尚未成熟，致使反日運動遭到打壓。結果，該次運動以板垣被驅逐離台而受到挫折[27]，剛萌芽而未成熟的民族運動就此早夭。

　　近代民族運動的發展，大抵是以資本主義的發展與擴散、某種程度的教育普及，以及政治性自由思想的發達爲前提[28]。台灣民族運動前提條件的臻備，是在第一次世界大戰期間。第一次世界大戰期間，不只是日本國內商業蓬勃，連台灣亦是景氣極佳。在此種經濟背景下，造成大量台籍青年得以赴日留學。這些台籍留日學生內受大正時期民主化運動的影響，外有威爾遜民族自決思潮的洗禮，從而使彼等成爲台灣人民族運動的領袖[29]。

27　林獻堂先生記念集編纂委員會《林獻堂先生記念集》卷一年譜（以下簡稱《林獻堂年譜》，民國49年），頁22。出井季和太『南進台灣史攷』（誠美書閣，昭和18年），頁348。林獻堂先生記念集編纂委員會《林獻堂先生記念集》卷三追思錄（以下間稱《林獻堂追思錄》，民國49年），頁24-40。

28　矢內原忠雄『帝國主義下の台灣』（岩波書店，昭和4年），頁242。

29　關於此事，台灣總督府警務局曾做如下記載：「本島上層階級中，其子弟於內地留學之風始於明治34年之際，爾來年年增加……41年……此時東京府管內的本島留學生約有60多名……大正11年時總數激增至2,400餘名……從他們批判總督府延遲智識開發之事，可見他們已受民族自決主義的影響……學生的思想已改變，主張『台灣必須是台灣人的台灣』，喚醒民族意識，相互倚靠及團結以提昇台灣人的地位，釀成謀求自由、解放運動的機運。」台灣總督府警務局『台灣總督府警察沿革誌』第二編（社會運動史）中卷（以下簡稱『台灣警察沿革誌』，昭和13年），頁23-24。

　　1921（大正10）年10月，他們以林獻堂爲中心[30]於台北成
立「台灣文化協會」[31]。此乃台灣人最早的民族運動團體，
其目標爲政治上尋返台人自治，文化上則欲打破昔日的惡
習，期許建立新生活。然而，「台灣文化協會」到1927年時
分裂成左右兩派，左派是以「實現大眾文化」爲綱領，將文

30　前揭《林獻堂年譜》，頁29。前揭『台灣警察沿革誌』，頁138-41。謝春
　　木『台灣人の要求』（台灣新民報社，昭和6年），頁16-17。

31　林獻堂於1881（光緒7）年出生於台灣中部的霧峰，雖是中部地區數一數
　　二的地主，但在日本領有台灣之後，在統治當局的勸說下，於1905（明治
　　38）年投資日資企業（約10社）並擔任董事。1907年3月，於奈良邂逅逃
　　亡日本的梁啓超，而被梁啓超說服道：「台灣的前途，如同愛爾蘭對英國
　　一般，應該發起爭取合法成為自治領的運動」。其後，林氏便以台灣民族
　　運動為目標。1914年和板垣退助為台灣同化會的運動奔走，在此運動被禁
　　後，著眼於台灣人欠缺中等教育設施，故率先捐出巨資，發起設立台中中
　　學校的運動。結果，促成設立台灣人中等教育中第一所公立中學──台中
　　中學校的誕生。
　　1918（大正7）年以後，由於和東京的台灣留學生接觸頻繁，當1919年
　　台灣人的近代民族運動指導團體「新民會」於東京設立時，林氏被推舉為
　　會長，爾後成為台灣人所有合法運動的指導者。林氏雖未接受近代學校教
　　育，然平日努力念書研究，特別對殖民政策或殖民史‧民族運動有獨特的
　　見解。關於其人格，和林氏有深交的矢內原忠雄教授曾作如下回憶：「我
　　所知道的台灣人中，他是予我品格高潔印象最深的學長」及「其人的誠實
　　及友情超越國界，讓人忘記民族的區別，是貴重的交際紐帶。能夠認識
　　像老師這樣誠實、友愛、謙虛、思慮慎密的人士，是我生涯中最大的愉
　　悅」。特別是不惜家財前後資助百名台灣有為青年赴日本內地的上級學校
　　求學，且對有關改善台灣地位、打破陋習、社會教育等特別熱心，其名
　　望、人格、見識對台灣人的民族運動有很大的貢獻。然而正因為如此，在
　　第二次世界大戰後被迫從國民黨統治下的台灣逃出，於1956（昭和31）年
　　9月客死東京。（興南新聞社『台灣人士鑑』昭和18年版，頁454）
　　前揭《林獻堂年譜》。前揭《林獻堂追思錄》。林獻堂『林獻堂日記』
　　（稿本，以下同）。

化協會的組織與方向，朝無產階級運動發展；右派則組織「台灣民眾黨」，繼承台灣文化協會分裂前的運動方針[32]。

台灣民眾黨身爲台灣最早的政治結社團體，一方面接續文化協會歷來的政治運動，另一方面摸索著突破因民族運動分裂所帶來的低潮，而鴉片吸食特許問題恰於此時登場。

於日內瓦國際鴉片會議中簽訂的第一鴉片條約，對台灣具有直接的效力。台灣總督府爲切實履行條約的內容，於1928（昭和3）年12月以該條約的旨趣爲法，全面修改鴉片令。此時已經是第三次修改的鴉片令，稱爲「鴉片改正令」[33]，以與此前的鴉片令有所區別。其中，最重要的變動如下：一、輸往台灣以外地區之生鴉片或藥用鴉片，若具備輸入國政府之輸入證明書，且獲認定無不正當使用之虞者，將准其在台轉運或取道台灣（第四條第三項）。二、鴉片煙灰除爲政府收購外，不得買賣、授與及持有（第七條前半）。三、不得開設或經營鴉片煙館（第八條）。四、台灣總督府爲矯正鴉片煙膏吸食者之習癖，得施行必要之處分……處分上所需之費用負擔，依相關規定辦理（第十條）。其中，以第三、第四點對台灣的鴉片吸食者造成最直接的影響。第三點意味著台灣將全面關閉鴉片煙館。第四點則透露總督府將對鴉片吸食者施行除癮的矯正治療。

---

32 前揭『帝國主義下の台灣』，頁243-44。前揭『台灣警察沿革誌』，頁408-62。

33 外務省條約局『律令總覽』（「外地法制誌」第三部の二，昭和35年），頁58-61。

1929（昭和4）年12月總督府警務局長石井保於鴉片改正令實施前，發表如下聲明：

　　鴉片改正令之要旨，以改正實施前之癮者中，限久習鴉片不可自拔者方特許其吸食外，其餘悉曉以絕對禁絕鴉片之精神，而對違法私下吸食者之處分，則將廢除以往選擇刑之罰金，改處徒刑，且於必要時得對其施與行政處分，以矯正其煙癮……視察現狀，不難想見除現有特許者外，應尚潛在相當人數之癮者。於前述深陷病態固習之癮者，於改正令之下威迫以嚴刑，誠有失人道……然若就此放任鴉片癮者自然絕滅，將形同在我光輝之制度上遺留陰暗之瑕疵，切切不可……期周告各地，違法吸食者應於此際悉數申請特許或矯正治療……[34]

　　簡言之，警務局長的聲明等於是公告新訂鴉片改正令，將對違法吸食鴉片者處以徒刑；確認當時仍存在為數不少的違法吸食者；要求違法吸食者應申請吸食特許或矯正治療等。

　　但是，總督府與台灣人民之間仍缺乏互信，因此如警務局局長的聲明在高舉民族自決的台灣人民族運動領袖看來，不過是重新開放1908（明治41）年3月以來未能實施的特許吸食政策罷了。總督府表面上倡言施行日內瓦第一鴉片條

34　台灣日日新報社『台灣日日新報』，昭和4年12月18日。

約，實際上仍是覬覦鴉片所帶來的收益。這份警務局局長的聲明，對自台灣文化協會分裂以後持續低迷的台灣民眾黨而言，等於是給予一個反對總督府鴉片政策、展開民族運動的良機。

●反對運動的展開

　　石井警務局長的聲明一經發佈，台灣人間的輿論立即沸騰起來。台灣民眾黨首先發起反對運動，而後有各地的醫師會和有志之士紛紛推波助瀾。除此之外，在東京也以指導台灣人民族運動的「新民會」[35]為首，發起反對運動。

　　1929（昭和4）年12月22日，台灣民眾黨向石井警務局長遞交長篇抗議書[36]，並同時發電報予濱口首相、松田源治拓務大臣，要求終止增發鴉片吸食特許[37]。

　　其中，由於遞交警務局長的抗議書內容太過激烈，被禁止登載於報紙。然而，根據《台灣警察沿革誌》的記載，其內容可歸納為以下幾點[38]：

35　新民會的真實狀態迄今仍未完全解明。該會於1919年12月在東京成立，是以林獻堂為中心而結成的台灣人民族運動的指導團體。該會的章程中規定：「本會以思考台灣的革新事項，謀求文化的提昇為目的。」（第二條），以及「組織台灣人中願協助前述目的，具有將其貫徹的熱誠者。」（第三條），長期為台灣人民族運動的上部組織加以指導。前揭『台灣警察沿革誌』，頁25-28。

36　前揭『台灣日日新報』，昭和4年12月23日。前揭『台灣民報』，昭和4年12月29日。

37　同上註。

38　謝春木『台灣人の要求』（台灣新民報社，昭和6年），頁205-06。前揭『台灣警察沿革誌』，頁467-68。

一、鴉片是為毒物，其吸食必耗損國民健康。

二、鴉片癮者應施予醫學上的矯正治療，且絕無攸關生命之危險。

三、對其一時的痛苦給予同情，而導致其長久耽溺於毒癮之中，絕非人道之舉。

四、增發鴉片吸食特許攸關國際正義及國際信用。

五、參照以往取締的績效，並考慮現有的警力，可知違法吸食者取締困難的說辭，只是一時諉過之詞，由此可察見總督府有意放任鴉片吸食者的企圖。

除此之外，台灣民眾黨並提出今後應採行的措施方針：

一、盡速聲明中止鴉片的製造與販賣，共敦促自發性的戒煙。

二、主張使新特許申請者全數接受矯正治療。

根據台灣民眾黨的計算，昭和3年當時（1928年）台灣的醫師人數計有1,118名，申請吸食鴉片的特許人口則有25,527人，平均一名醫師只分擔治療23名吸食者，並不會造成任何負擔或不便。對於以往的特許吸食者，亦不應認可其既得的特許，而應於最短期間內將之送往矯正治療為要[39]。

台灣總督府斷然否決台灣民眾黨的要求。該黨於是

39　前揭『台灣人の要求』，頁207。

將與抗議書意旨相同的聲明書，郵寄「中國國民拒毒會」（National Anti-Opium Association of China）設於上海的總部，以博取同情與支援，同時也懇請「中國國民拒毒會」將抗議書及聲明書轉交國際聯盟總部[40]。

翌（1930）年1月2日，台灣民眾黨更拍發一封英文電報予日內瓦的國際聯盟總部：「日本政府此次特許台灣吸食鴉片一事，非只關係人道問題，並有違國際條約。請速阻止此政策之遂行。」電報署名爲「代表全台四百萬人的台灣民眾黨」。隔日，國際聯盟以電報回覆，表示已受理台灣民眾黨之提案[41]。

當國際聯盟與台灣民眾黨往來電報的內容登載在報上時，連居住在台灣的日籍人士也感到相當憤慨。爲消弭不滿的聲音，台灣總督府的喉舌《台灣日日新報》，連日登載台灣鴉片政策成功的報導，極力盛讚台灣總督府在鴉片行政上的建樹[42]。

從側面支援台灣民眾黨的是各地的醫師會。醫師會以醫師專業的立場，公開反對台灣總督府的舉動，使得台灣總督府相當難堪。高雄、台南兩地的醫師會首先發難，而後台北、嘉義、屏東、彰化等地的醫師會，亦相繼表示反對石井警務局長的聲明，並各自提出對鴉片問題的意見書。

40　同上註。

41　前揭『台灣民報』，昭和5年1月1日。前揭『林獻堂日記』，昭和5年1月12日，同月13日。

42　前揭『台灣日日新報』，昭和5年1月5日至同年3月底。

　　首先，1930（昭和5）年1月14日，由台南醫師會提出的意見書，其內容可簡單歸納成以下幾點：一、增發吸食特許僅限於醫學上判斷其一旦戒煙將危及性命者。二、對現有的特許吸食者實施徹底檢查，可戒煙者應送矯正所施予強制治療。三、設立公營的鴉片吸食所，限定特許吸煙者僅可於吸食所內吸食鴉片。如於其他處所吸食者，一律視為違法並予懲處。四、廢止鴉片的大盤、零售，只准於公營吸食所販售煙膏等等[43]。

　　彰化醫師會於2月14日向總督府提出的意見書內容如下：一、即刻禁止鴉片之吸食。二、即刻停止鴉片之製造。三、嚴格取締鴉片走私。四、強制治療吸食鴉片成癮者。五、增設並擴大戒煙矯正所等等[44]。

　　各地醫師會的意見書大致上大同小異。較特別的是嘉義醫師會主張設立「撲滅鴉片日」，於撲滅日中宣導鴉片的毒害，意圖借助教化的力量，早日根絕台灣的煙毒。他們並向上詰問台灣總督府，何以自1928年4月改訂教科書後，刪除有關鴉片教育部分的理由[45]。

　　最困擾總督府的是「如水社」的反對聲明。「如水社」的事務所設立於台北，是以中產階級知識分子為主而組成的社交團體，其會員散佈於台灣各地，影響力不可謂不大。以

43　前揭『台灣人の要求』，頁211-12。前揭『台灣民報』，昭和5年1月18日。

44　前揭『台灣人の要求』，頁213。前揭『台灣民報』，昭和5年2月22日。

45　前揭『台灣人の要求』，頁213。

往總督府在決定政策時，往往顧慮到「如水社」成員的利益和情緒。此次，如水社在增發鴉片吸食特許的問題上，竟與台灣民眾黨沆瀣一氣，對台灣總督府而言無疑是一大打擊[46]。

　　爲了獲取國際聯盟直接或間接的聲援，他們便利用調查委員一行在台灣進行調查的機會下，熱烈地展開反對增發鴉片吸食特許的運動。台灣民眾黨曾數次拍發電報予國際聯盟及調查委員要求會面，每一次皆能獲得國際聯盟的回電，爲其安排見面事宜[47]。因此，調查委員一行在台灣停留的期間內，反對運動可以說是達到最高潮。台灣民眾黨對調查委員一行所懷抱的深切期望，可由其機關報《台灣民報》所刊載的一篇社論中看出：

　　……標榜國際正義與人類幸福的國際聯盟，此際爲奉行正義，派遣專業權威之調查委員至東洋進行鴉片勘查。吾人對調查委員前來日本××××（帝國主義）國家治下的殖民地，特別是來台灣孤島探視一事……吾人確信委員諸君是爲「正義使者」……2月11日毅然發表眾所矚目之權威告示：「（本會）盼能聽取對鴉片吸食取締問題抱有關心之私人團體或個人之意見」，蓋爲一立足國際正義、蒐集理想材料之計畫，當得吾人讚揚……上月19日國際聯盟委員團停留台北

46　同上，頁209-11。

47　前揭『台灣民報』，昭和5年1月11日。同年2月22日。

時，曾致台灣民眾黨本部善意之國際回應，此事應永銘台灣
社會運動史，爲「國際化的台灣」之一項歷史紀錄……諸君
上呈國際聯盟本部的調查報告應已作成。關於此報告之一舉
一動，可預測其將給予日本政府及台灣總督府之鴉片政策決
定上極大的影響。諸君之意志判斷及報告結果如何，實攸關
我等四百萬台灣民眾之康健與民族之興衰，並是確立吾人起
死回生之分界……[48]

　　調查委員一行自2月19日至3月2日這段期間旅行台灣各
地，聽取各方的意見。總督府曾試圖阻止台灣民眾黨與調查
委員見面[49]，而後眼見勢不可爲，於是要求在台灣民眾黨與
調查委員會面時須有官憲列席。然而，此要求仍被撤回，
總督府乃轉而懇求台灣民眾黨的最高顧問（同時也是該黨最高
領導人）林獻堂，希望林氏以台灣代表之一員的身分共同與
會，並獲得林氏的首肯[50]。

　　台灣民眾黨與調查委員一行的會面，訂於調查委員離台
的前一天（3月1日），地點在台北鐵路飯店[51]。根據《台灣民
報》的報導指出，在一小時又四十分鐘的會談中，談論內容

48　同上，昭和5年3月8日。

49　總督府雖一再阻止台灣民眾黨最高顧問林獻堂會見同黨及調查委員，然林
　　氏並不加以理會。林氏僅和總督府達成盡量不碰內政問題的約定。事實
　　上，林氏自身原本並未有和調查委員直接會見的計畫。前揭『林獻堂日
　　記』，昭和5年2月21日，同月23日，同月25日，同月26日。

50　前揭『林獻堂日記』，昭和5年2月27日，同月28日。

51　前揭『台灣民報』，昭和5年3月8日。

均是關於國際鴉片問題的期望或意見[52]。要點如下：一、限制罌粟花的栽培，不得超過實際所需。二、在最短的時間內禁止鴉片的吸食。三、設立戒煙機關，治療鴉片癮者。四、教育上加強宣導吸食鴉片的壞處。

然而，在《林獻堂日記》中關於會談內容的記載，與《台灣民報》有著相當大的出入。《林獻堂日記》以回答調查委員問題的方式記下，其內容主要為：一、違法吸食鴉片者眾多，是警察執法不力，且走私猖獗所致。二、台灣因四面環海，查緝走私相當困難。三、如總督府下定決心，嚴格執行鴉片改正令，則違法吸食者與走私大抵都可杜絕。四、矯正治療每人約需費時兩個月、金30圓。五、矯正治療在醫院或自宅皆可為之，端視癮者與總督府的決心如何[53]。

《台灣民報》與《林獻堂日記》在敘述會談內容上的差異，或許是由於《台灣民報》顧及當時總督府嚴格的檢查，所以不得不稍作更動。如評估當時的情勢，《林獻堂日記》的內容應較貼近事實。然而，即使是全依《林獻堂日記》所載，亦不為聳動的記載。日記中僅僅如此的內容竟有必要藏而不表，便可窺知當時總督府對反對增發鴉片吸食特許運動的警戒程度有多麼嚴重。

同時，總督府警務人員則將此一會談喻為「左傾分子的盲目行動」大加撻伐，惡意地推測「林獻堂、蔣渭水……自

52　同上註。

53　前揭『林獻堂日記』，昭和5年3月1日。

稱是報告島內的實際狀況，而在（台北）鐵路飯店內與調查委員一行進行密談。恐怕意欲藉此機會誣陷重傷當局的鴉片政策，才是千眞萬確的事實」[54]。

調查委員一行離開台灣之後，台灣的反對運動也越過高峰而逐漸式微。另一方面，由新民會主導的反對運動卻隨著調查委員一行轉赴東京而急遽興盛。

由新民會發行四十五頁、題爲「台灣鴉片問題」[55]的小册子，分發給日本政府相關人員及一般民眾，呼籲人們支持台灣人的反對運動。《台灣鴉片問題》的內容大致爲：一、過去的鴉片政策；二、目前對鴉片吸食的追認問題；三、未來的鴉片問題，並特別對未來的鴉片問題，具體提出「三年禁煙法」[56]，敦促日本政府及早下定決心改正。

新民會申請能與停留在日的調查委員一行見面，以直接呈遞新民會發行的《台灣鴉片問題》，但都遭到日本政府的阻撓而無法成功。最後在無可奈何的情形下，新民會只好將之郵寄日內瓦的國際聯盟總部[57]。於是，隨著調查委員一行離開日本，反對運動也隨之告終。

●台灣總督府的反應

石井保警務局長發佈增發鴉片吸食特許的聲明之後，台灣民眾黨隨即遞交抗議書，要求撤回這項新的政策。然而，

54　鷲巢敦哉『台灣警察四十年史話』（昭和13年），頁467，469。
55　參照新民會『台灣阿片問題』（昭和5年4月）。

台灣總督府非但否決台灣民眾黨的抗議，更如期辦理了違法
吸食者的特許申請。令人驚愕的是，特許申請者的人數很快
達到二萬五千餘人[58]，人數之多頗出人意料之外，可推測其
中應收納為數不少的惡質登記者[59]。

56　新民會的「三年禁煙法」的要旨如下：
　　第一年度的戒煙事業：
　　　1.戒煙局、戒煙院的設立。
　　　2.整理及淘汰舊癮者（過去的特許吸食者）。
　　　3.新癮者的強制治療。
　　　4.戒煙事業一切的經費皆從鴉片專賣的收入支付。
　　第二年度的戒煙事業：
　　　1.繼續治療第一年除癮未成功者。
　　　2.以六十歲為基準，將舊癮者分成兩部分。對六十歲以下的人施行強制
　　　　治療。
　　　3.必要的經費支出和第一年同。
　　第三年度的戒煙事業：
　　　1.停止鴉片煙膏的製造。
　　　2.對殘存的鴉片癮者施行強制治療。
　　　3.必要的經費由總督府的預算支付。
　　和上述戒煙事業並行的，亦將實行如下的政策：
　　　1.嚴格取締私自吸食鴉片及走私鴉片。
　　　2.降低鴉片煙膏的品質。
　　　3.減少一日的吸食量。
　　前揭『台灣阿片問題』，頁35-36。

57　楊肇嘉《楊肇嘉回憶錄》（二）（三民書局，民國57年），頁236-38。

58　台灣總督府警務局『台灣ノ阿片制度』（昭和14年），頁12。

59　由於自1908（明治41）年3月開始中止發放吸食特許，有部分吸食特許者
　　雖已戒煙卻未將特許證上繳，而將特許證借給私自吸食鴉片者，藉由鴉片
　　煙膏在彼等之間的橫流獲取利益，於是吸食特許好像變成一種權利。因
　　此，當風聞總督府將再度開放吸食特許後，連非違法吸食鴉片者亦提出吸
　　食特許的申請，試圖利用機會得到這個權利。前揭『台灣民報』，昭和5年
　　1月18日，4月29日。

　　當然，並非所有申請者皆能獲准吸食特許。在授予特許之前，須經過行政調查查明是否具有違法吸食之實情，再加上醫學診斷的認定。整個過程到做出結論、決定最終處分為止是相當耗時的。乍見石井的聲明，會使人產生只要違法吸食者都可以得到特許的錯覺。這可能是一開始即精心設計過的。換句話說，為了要貫徹鴉片改正令，首先必須將潛在的違法吸食者一網打盡。即使只存在一小部分，但只要稍有縱容違法吸食者，則鴉片改正令的政策目的勢必將大打折扣。

　　為防範台灣民眾黨的反對運動，並使鴉片改正令的政策目的能順利施行，總督府理應先與台灣民眾黨協調，以取得其諒解。但是，有史以來殖民地統治皆以統治者的考量為優先，從不在乎與被統治者之間是否有所共識。此種以統治者為優越的慣例，在一九二〇年代發生台灣人政治運動時，仍絲毫不變。

　　不只是鴉片問題，總督府在統治者優越慣例（或可稱其為一種惰性）的驅使下，絕無可能忍受和其時已有民族自決的台灣人（特別是站在民族運動前鋒的台灣民眾黨）之間進行所謂的協調及取得諒解。除此之外，台灣民眾黨拍電至東京的中央政府，要求中止增發鴉片吸食特許一事，日本政府亦置之不理，未予回應。此時，台灣傳出日本中央政府內部對立的謠傳[60]，謂大藏省因圖鴉片收益而支持總督府的增發鴉片吸食特許政策；相對地，外務省則基於國際間對鴉片問題的關注

60　前揭『台灣人の要求』，頁206。

而持反對意見。

　　然而，不論謠言是否屬實，石井的聲明公佈之後，違法吸食者只要提出吸食特許的申請，在其處分確認之前，均能公然地吸食鴉片。在此情形下，雖明知其為違法，卻沒有相關規定可援之加以處罰，儼然成為法律假期[61]。台灣民眾黨形容總督府無視人道與國際道義的存在，專事謀取鴉片收益的說法，並非誇大之辭。

　　台灣民眾黨和國際聯盟電報往來的內容在《台灣民報》刊出後，《台灣日日新報》（台北）、《台灣新聞》（台中）、《台南新報》（台南）等數家「御用新聞」[62]異口同聲地讚譽總督府的鴉片專賣制度，並開始對台灣民眾黨展開攻擊行動。它們既然屬於「御用新聞」，當然為總督府的鴉片行政辯護。除此之外，它們更將矛頭指向台灣民眾黨，大肆批評其呈遞國際聯盟的電報中「代表四百萬台灣人」的字句，甚至對該黨幹部進行卑劣的人身攻擊。

　　從1930（昭和5）年1月至當年3月底為止，御用新聞展開一連串的猛烈攻擊。官憲提供鴉片吸食特許者名簿給御用新聞，御用新聞即利用這份資料，一一指出台灣民眾黨中曾經得到鴉片吸食特許的黨員姓名，宣稱台灣民眾黨沒有資格代表四百萬台灣人，而且只有支持吸食鴉片的份，完全沒有理

61　同上，頁204。

62　《台灣日日新報》背後為台灣總督府，《台灣新聞》背後為台中州廳，《台南新報》背後為台南州廳，各兼有官報性質。此三份報紙被台灣人稱為「御用新聞」。

由加以反對。駁斥台灣民眾黨只不過是為反對而反對。御用
新聞針對反對運動的先驅，同時是台灣民眾黨幹部的蔣渭
水[63]，更是進行激烈的人身攻擊[64]。

　　在御用報紙集中火力批評台灣民眾黨的同時，總督府
亦動員官憲徹底干涉並鎮壓台灣民眾黨的活動。關於此點，
特舉其中最著名的一個例子加以說明。台灣民眾黨基隆支
部的書記楊元丁因分發反對吸食鴉片的傳單，而於1929年的
除夕夜遭到逮捕。隔日（元旦）早晨，因「當事人無悔改之
意」，移送至台北地方法院檢察局。此案於1月11日舉行公
審，公審法庭只經過簡單的訊問後，隨即判決罰金100圓。
但因眼見台灣人的反對增發鴉片吸食特許運動仍日漸高漲，

63　蔣渭水，1889（光緒15、明治22）年生於台灣宜蘭。因為家庭經濟因素，
　　直至17歲才入小學就讀，20歲小學畢業。1910年考入台北醫學校，1915
　　年畢業。在學中除了經營小本生意幫忙家計外，也對台灣人的政治運動非
　　常關心。1916年在台北開業。
　　1921年，蔣氏為剛草創之台灣文化協會的專職理事，成為最主要的活動
　　家。1927年發起成立台灣民眾黨後，以黨首身分成為整個黨的中心所在。
　　1930年1月2日，蔣氏對日內瓦國際聯盟發出電報。蔣氏於同日下午五點過
　　後，算好日本上級職員的下班時間，在台北電報局只有不懂英文的下級台
　　灣職員的情況下，由台北電報局讓其拍發電報，留下這個小插曲。
　　總督府雖曾短期拘禁蔣氏十多次，但卻更激發蔣氏之鬥志，即便是成為一
　　位沒有資產的醫生，也不會因此喪志。換言之，他成為所謂打不死的跳
　　蚤。
　　由於蔣氏有妾，在反對增發鴉片吸食特許運動進行時，總督府的御用報紙
　　曾屢次對此加以攻訐，最後這個指控竟甚囂塵上。
　　由於太熱中於政治運動，雖然自己是醫生，但在1931年8月由於傷寒之故
　　而病逝。時年四十二歲。（前揭『台灣民報』，昭和6年8月8日）
64　前揭『台灣警察沿革誌』，頁465-66。前揭『台灣日日新報』，昭和5年2
　　月28日。前揭『台灣民報』，昭和5年3月8日。

檢察官稱對判決不服，要求上訴[65]。2月14日，台灣高等法院
判處楊元丁四個月的徒刑。宣讀判決時，首席法官援引的理
由是：「曲解當局的苦心，且無悔改之意。」[66]被告不服，
再次上訴。然而，結果仍維持二審判決[67]。楊元丁原本戲稱
它是一個「紅包」，應只拘留一晚便可結束，豈知最後變成
四個月的徒刑。此一事件一則反映當時台灣的司法審判受到
官憲意志的左右，二則也呈現當時反對運動之激烈程度。

　　總督府爲瓦解反對運動的勢力，亦著實下了不少功夫。
從台北醫師會提出意見書的經過中，便可看出總督府在這方
面的成功。1930（昭和5）年，台北醫師會於1月24日的定期
大會上，通過關於鴉片問題的意見書，並預計於同月27日向
台灣總督府提出。但是，在意見書提出的前夕，受總督府操
縱的台北醫學專門學校校長堀內次雄，認爲意見書的內容有
不妥之處，提議不要遞交出去。堀內見其提議不被採納，遂
將原案修改成較無傷大雅的「本會依學術見解，認爲若給
予鴉片癮者適當之療程，並非治療不易之疾……期政府於
增發鴉片吸食特許之際，保健衛生方面……宜加倍審愼處理
之」[68]。藉此，總督府借助備受台人愛戴的堀內次雄[69]，成
功地抹煞台灣人的反動聲浪。此次日本殘酷地傷害其治台期
間建立起的人際關係而得以成功。但此手法對於台北之外的

65　《台灣民報》，昭和5年1月25日。

66　同上，昭和5年2月22日。

67　前揭『台灣人の要求』，頁205。

68　前揭『台灣民報』，昭和5年2月15日。

醫師會，則無論堀內多麼努力遊說，也幾乎不曾產生任何回應。

此外，總督府亦動員台籍的御用紳士，發起要求實行增發鴉片吸食特許的陳情運動，以與台灣民眾黨的反對運動抗衡。動員御用紳士為總督府慣用的統治手段之一，而御用紳士們由於可從總督府得到諸多特權與利益，亦皆樂意受其驅使。石井的聲明一經發佈，隨著鴉片吸食人口的增加，與保甲制度[70]相關的御用紳士之間，即展開一場鴉片零售權的爭奪戰[71]。

2月19日，國際聯盟調查委員一行抵台之際，總督府為封殺台灣民眾黨的行動，便驅使台北市的保正周清桂等十

69　堀內次雄（1872-1955）在台灣總督府醫學校（後來改名為專門學校）創立後不久，即以教師身分赴任，曾擔任過第三任校長，甚至直到戰爭結束日本放棄台灣後，他曾暫時獲得國民政府留用。在日本統治台灣時期所培養的台灣人醫師，幾乎皆為其弟子。

醫學校的學生由於全部皆為台灣人（成為醫專後雖有若干日本學生入學），故並不曾發生民族問題。然而，因為此為台灣最初的上級學校，加上是培養醫生這種安定的專業者，故聚集許多台灣人菁英。因為堀內的優秀人格，故集弟子的信望及敬愛於一身。此種堀內及其弟子的關係，亦是日本統治台灣時的一種人性財產。前揭『回憶錄』，頁34-42，214。

70　保甲原本是台灣民間的自治性自衛警政組織，以十戶為一甲，十甲為一保。1898（明治31）年的「保甲條例」（前揭『律令總覽』，頁79）是想將此自衛警政組織做為行政（特別是警察）目的來利用，並因而對確立台灣治安秩序有重大的成果。保有保正，甲有甲長，所謂保甲關係指的就是保正與甲長，而總督府藉由掌控這些保甲關係人士來統治台灣人。再者，保甲組織內的人對犯罪及事故須負連帶責任。中村哲『植民地統治法の基本問題』（日本評論社，昭和18年），頁170-80。

71　前揭『台灣民報』，昭和5年1月11日。同年4月5日。同年5月17日。

名，聯名向調查委員提出以下的陳情書：

　　此次新頒之增發鴉片吸食特許，爲我等期盼已久之事，
且常謀請願以求早日促成。因之，當局此次開放增發鴉片吸
食特許之舉，不可不謂爲切合我等期望之德政。而反對派人
士隨意抨擊此增發鴉片吸食特許之方針，竟大膽妄評爲惡
政……吾等卻欲稱揚其方針之爲善政……祈國際聯盟委員無
惑於彼等反對者之言論，和聲贊同台灣當局鴉片特許之政
策……[72]

　　爲配合台北市保正一行人的造勢，總督府的官憲另外集
結四百名違法吸食者，連署一份陳情書，交給調查委員[73]。
台灣民眾黨嘲此舉是「鴉片黨加盟進入御用黨」加以反
擊[74]。

　　台灣總督府利用御用紳士到了最大限度的實例，便是
「台灣人會代表」與調查委員見面一事。原本台灣並不存在
「台灣人會」的組織。這個由總督府斡旋而倉促成立的團
體，世人一直到調查委員會的報告發表時，才首次得知其存
在[75]。後來，根據《台灣民報》的報導，所謂「台灣人會代
表」指的是「御用派的三大巨頭——辜（顯榮）林（熊徵）許

72　同上，昭和5年3月1日。

73　同上註。

74　同上，昭和5年1月11日。

75　前揭『極東阿片問題』，頁139。

（丙）」，同時也是自總督府獲得最多利權的人士。其中辜
顯榮尤爲「御用致富」的典型[76]。「御用派三巨頭」於3月1
日在台北鐵路飯店，繼台灣民眾黨代表之後與調查委員一行
見面，目的在弱化抵消台灣民眾黨的主張。其陳情內容不外
謳歌總督府的鴉片制度，並稱許此爲富於人道精神的一項政
策[77]。

　　總督府爲乘勝追擊，在調查委員一行預計離台的3月2
日當天，於《台灣日日新報》上登載御用學者連雅堂[78]所寫
的「謳歌新鴉片政策論」[79]，聲討台灣民眾黨。連氏的文章
中：「台灣人之吸食鴉片爲勤勞也，非懶惰也、非退守也。

76　辜顯榮於1866（同治5、慶應2年）生於台灣中部的鹿港，曾如流浪漢般四
　　處行走經商。然而，在1895年（明治28）年6月，日本軍隊登陸台灣後，
　　引導其自基隆進入台北，同年8月亦隨日軍南下，引導其進入台南城。由於
　　被認為對日軍占領台灣及鎮壓台灣抵抗有嚮導的功績，同年6月以台灣平定
　　敘勳六等獎章。之後，他更協助總督府鎮壓台灣游擊隊的抵抗，擔任保良
　　局長及保安總局長。由於被認為對日軍占領台灣及鎮壓台灣人的武力抵抗
　　功績卓著，1899年被授予台灣官鹽的專賣權，在短期間內成為一代巨富，
　　在許多公司擔任董事長及重要幹部。1921年被任命為總督府評議會委員，
　　1923年授勳三等瑞寶獎章。對於台灣人的政治運動方面，他一貫支持總督
　　府的立場，反對台灣人的民族運動。1934年被選為貴族院議員，1937年
　　在擔任貴族院議員任內死去。（參照辜顯榮翁傳記編纂會『辜獻榮翁傳』
　　〔昭和14年〕；台灣新民報社『台灣人士鑑』〔昭和12年〕，頁96-97）

77　前揭『台灣民報』，昭和5年3月8日。

78　連雅堂，號橫，1878（光緒4、明治11）年生於台灣台南，歷任《台澎日
　　報》漢文部、《台灣新聞》漢文部主筆，1914至1918年執筆完成《台灣通
　　史》。之後，他雖經營書店，然由於1930年3月2日於《台灣日日新報》發
　　表「謳歌新鴉片政策論」，受到台灣人唾棄，而西渡中國。1936年6月死
　　於上海。（林藜《台灣名人傳》〔新亞出版社，民國65年〕，頁538-50）

79　前揭『台灣日日新報』，昭和5年3月2日。

平心而論，我輩今日得享受土地物產之利者，非我先民之功乎。而我先民之得盡力開墾，前茅後勁，再接再厲，以造今日之基礎者，非受鴉片之效乎？」，禮讚鴉片對開墾台灣的「莫大貢獻」。接著，連氏還說，「此次再請特許者二萬五千人，亦不過全人口二百分之一強爾，無大關係，亦不成大問題，又何事議論沸騰哉！」，認為增發鴉片吸食特許根本不成問題。「今若遲疑不決，收回成命，則當局失信於保甲，保甲失信於人民，而政府之威嚴損矣！」，催促總督府盡快頒佈新的特許令。這篇全文1,218字的文章得到500圓的稿費，可說是台灣空前的高額報酬[80]。此文發表後，輿論大譁，連雅堂備受台灣人的責難，最後不得已只得離鄉[81]。

調查委員一離開台灣，台灣民眾黨的反對運動聲勢開始走下坡。對於此點，台灣總督府一轉其原先對反對運動個別取締的政策，從根本上禁止集會結社。翌（1931）年2月18日，台灣民眾黨遂因禁止結社而被迫解散[82]。

●反對運動的意義

自總督府與台灣民眾黨在增發鴉片吸食特許問題上的種種對立與發展過程中，大約可以整理出以下三個問題點：

80　前揭『林獻堂日記』，昭和5年4月6日。

81　前揭『台灣民報』，昭和5年3月8日，同月15日，同月22日。前揭『林獻堂日記』，昭和5年3月6日，同月7日，同月8日，同月13日，同月20日。

82　前揭『台灣警察沿革誌』，頁507-19。台灣新民報社『台灣新民報』，昭和6年2月21日，同年2月28日，同年3月7日。

一、增發鴉片吸食特許的對錯與否；二、對國際聯盟調查委員一行的影響如何；三、殖民地的抵抗運動，亦即台灣民眾黨以鴉片問題為中心的一連串政治運動。

對於石井警務局長的增發鴉片吸食特許聲明，台灣民眾黨在抗議書中表示：「台灣警察剿滅匪徒、討伐生番，且極微末之事實，亦可有效檢舉揭發。台灣政府有如此萬能之警察，竟唯討伐鴉片一事表示無能，其言果能信乎。」石井的聲明中所謂「欲搜羅違法吸食者誠非易事」，台灣民眾黨認定此說「只是一種諉過之詞」，且認為總督府對鴉片問題「不僅全無杜絕之誠意，且巧設種種理由多所粉飾，以持續專賣、謀取利益……一面受限於國際聯盟絕對禁止之條約約束，出於無奈而採用嚴懲制度，一面斷行增發鴉片吸食特許，圖多謀鴉片專賣之收益。對於總督府此等卑劣之政策，吾等表示絕對反對……總督府倘有愛民之誠，應速中止增發鴉片吸食特許措施」[83]。

對台灣民眾黨的要求與抗議行為，總督府不但從未正面回應，甚且動員官憲鎮壓該黨的反對運動，暗地裏驅使御用紳士、御用報紙、御用學者及違法吸食者進行反對台灣民眾黨的活動，並發動陳情要求盡速通過新的特許制度，甚至出現鴉片政策謳歌論等露骨的詩文。

台灣民眾黨所發表的一連串的文書，用辭雖稍有激烈，但內容上卻是符合近代知識分子之識見。由是足以證明總督

83　前揭『台灣警察沿革誌』，頁467-68。

府在殖民地實施的教育並非只是愚民教育。然而另一方面，總督府策畫下的御用陣營的言論，多數和文明與近代化的走向背道而馳。這些言論所言若皆爲總督府的本意，這才眞正是愚民政策之最佳寫照。

至於對調查委員一行的影響力如何，如僅觀看調查委員會的報告書，幾乎不見台灣民眾黨辛苦努力的成果，成效似乎不彰。台灣民眾黨雖欲利用調查委員來訪的機會，藉由鴉片問題多少揭發總督府的「惡政」，可是似乎對調查委員的工作本質還認識不深。如前所述。所謂遠東鴉片問題調查，原是英國的策畫而產生，其目的在於深入了解鴉片問題的現狀，而非禁遏鴉片的吸食。

台灣民眾黨指責總督府對調查委員一行以國賓之禮遇招待。然而即使如此，也不可妄稱調查委員一行對台灣鴉片問題的報導有所偏頗。日本政府在台灣實行的鴉片政策，雖不盡理想，但的確得到相當的成果[84]。

綜觀各國殖民地的抗爭運動史，恐怕只有台灣的人民爲了鴉片問題奮勇抗爭。如視1895（明治28）年至翌年爲止的反對運動爲第一次鴉片抗爭，則三十餘年後的運動可以視爲第二次鴉片抗爭。前者是針對禁止鴉片的抗爭，後者則爲反對吸食鴉片的抗爭。鴉片問題上兩次性質迥異的抗爭運動，詳實地描繪出經過三十多年的殖民統治之後，統治者之日趨墮落與被統治者之成長與覺醒。

領台初期，日本政府極巧妙地處理鴉片問題，不但收到一石「二鳥」甚至「三鳥」的功效。當時台灣人在吸食鴉

片上極度「頑愚」的表現，難免受到「劣等民族」之譏。但是，經過三十多年之後，台灣人反而極巧妙地利用鴉片問題收到一石二鳥之效。台灣民眾黨於拍發至國際聯盟的電報中申訴道：「國際條約中以鴉片為非文明政策而於人道基礎上禁止之。唯日本政府計畫許可台灣人民吸食鴉片」，攻擊日本首相與拓務大臣「台灣總督府施行鴉片癮者之增發鴉片吸食特許，使眾多台灣人陷入毒害一事，非僅關係人道問題，更牽涉帝國之名譽」[85]，帶給日本政府極大的困擾。不但迫使總督府無法正面還擊，台灣人中最為穩健的階層（如各地的

84　直至今日有關遠東各地的鴉片吸食問題，特別是有關禁止吸食的成果報告書，目前仍付之闕如。勉強言之，雖有國際聯盟遠東鴉片問題調查委員會的報告書（『極東阿片問題』），然此報告書的許多統計數字皆未將台灣計算在內，故難以言其精確。各國及多數的鴉片吸食者，由於皆以消費鴉片帶來的莫大收入充做歲收，故盡量隱瞞事實。再者，此事一方面有關國家尊嚴，一方面也唯恐在有關鴉片的國際會議場合遭到追究。

遠東鴉片問題調查委員會的報告是依關係國負責此業務的政府機構所提資料做成，調查委員自身並未進行調查。同時，調查委員對提出的資料無檢查其是否正確的技術，亦無此權限。同時，報告書內容所記載事項有不合理之處亦不容否定。譬如根據報告書內容，葡萄牙的殖民地澳門，鴉片收入占其1929年度歲收的23.16%（見《報告書》，頁63-64），然而根據筆者於1978年3月25日訪問一位澳門故老黃顯氏（男，六十五歲，曾為新聞記者）時，其曾言「（23.16%）荒謬至極，一直到1946年度為止，澳門的收入全部來自鴉片及賭場，兩者各占一半」。

日本經營台灣時，把台灣當做殖民地經營的訓練所或實驗室，故保存許多資料（如『台灣總督府公文類纂』）或統計（如台灣總督府各年度的統計書），將其做為未來新獲得殖民地後經營上的參考資料。在證明日本帝國主義野心的同時，也表示日人使統計數字更為精確的用心。日本對國際聯盟提出有關台灣鴉片問題的報告，完全符合今日殘存的資料。因此，如同《遠東鴉片問題調查報告書》所載，台灣是禁遏鴉片的先進地區。

85　前揭『台灣警察沿革誌』，頁466。

醫師會、如水社等）也加入這一波反對運動的渦流中，可見其
事態之嚴重，造成總督府莫大的驚惶。

　　總督府對台灣民眾黨以人道之名展開的政治運動，雖
不曾直接地還口或還手，卻以最徹底的取締手段——禁止結
社來對付。總督府在調查委員離台還不滿一年之際，於1931
（昭和6）年2月18日，向台灣民眾黨下達禁止結社的處分[86]。
該處分開門見山地點出禁止的理由，乃因該黨發起反對增發
鴉片吸食特許運動之故：「……其運動日漸偏激，反母國、
反官之態度日顯，且有妨礙內台融和之行動……試列舉該黨
近期之一、二行動為例。去年1月之鴉片改正令問題上，該
黨向國際聯盟拍發誣陷我政府之電文，其例一。國際鴉片委
員來台時疑向委員會申訴虛構之事實，其又一例也……」[87]

　　隨著台灣民眾黨解散，反對增發鴉片吸食特許運動也就
此劃上句點。但是，儘管反對運動已停止，其所留下來的絕
非就此煙消雲散。

　　反對運動留下的影響包括：第一、再度喚起日本中央
政府及日本民眾對台灣鴉片問題的關注。如前所述，日本領
台之初，台灣鴉片問題曾在日本掀起熱鬧的討論，但隨著鴉
片專賣制度的實施，日本內地遭到鴉片毒害的憂慮逐漸消失
後，鴉片問題逐漸被淡忘。在此情形下，反對運動的聲浪因
而喚起日本政府的注意，使其進一步強化鴉片漸禁政策的目

86　同上，頁514。

87　同上，頁514-15。

標，尤其促進矯正治療的開展。

第二、是將台灣的鴉片問題國際化，使其納入國際監督的範圍內。台灣民眾黨拍發至國際聯盟的電報，牽扯上國際鴉片會議的問題，深切刺痛日本政府·台灣總督府，所以才會落得禁止結社、解散的下場。但是，台灣的鴉片問題自此不再只是日本或台灣的問題，一躍而登上國際政治的場域，在各國的關切下，日本政府·台灣總督府均不得不更積極地處理台灣的鴉片問題。

第三、使得鴉片矯正所得以提早設立。前有賀來佐賀太郎於日內瓦的公開聲明、鴉片改正令的公佈、加上石井警務局長的聲明，皆一再提及籌建鴉片癮者的矯正機關一事。然而，有賴台灣民眾黨的激烈抗爭，以及國際聯盟調查委員一行來台訪問之故，才使總督府迅速地興辦鴉片矯正所。

第四、雖然抽象但卻是其中影響最為深遠的，即吸食鴉片所帶來的毒害及罪惡感，深切地留在台灣人的心中。此一認識，不但由父祖輩傳至現今的台灣人，或更從此代代相傳，成為台灣人歷史遺產的一部分。

▌第六章 ▌

後期漸禁政策的展開

一、財政情勢的變化

　　正如前述，日本政府在領台之初，依據後藤新平的漸禁政策，於台灣設立鴉片專賣制度，以龐大的鴉片收入充當經營台灣的必需經費。

　　然而，自1909年的上海鴉片會議之後，尤其是國際聯盟成立以來，鴉片問題提升為國際問題，被置於國際社會的正視之下，國際輿論對鴉片收入的批判亦起嚴厲。台灣於此時產生響應此國際輿論的台灣人政治運動，迫使日本政府的處境相當難堪。如此內外壓力之下，日本政府漸漸無法再利用漸禁政策（期待鴉片吸食者自發性戒煙及自然死亡）的保護網，從中圖謀鴉片收入。

　　於是，1930（昭和5）年1月，台灣總督府在無任何預先通告下，迅速於台北設立臨時鴉片癮者矯正所，並立即將三十名鴉片癮者送入該所治療。此般強化漸禁政策的措施（如開設矯正所一事），無論其係基於何種理由，就財政上的觀點來看，都意味著政府付出雙重的「損失」。此雙重損失即鴉片收入的減少（甚至於消失），以及為維持矯正設施所須支付的諸多必要經費。

　　領台之初，部分日本人對投下補助金經營台灣一事躊躇不前，並因此主張出售台灣的論點。所幸有鴉片收入的財務

來源，方使台灣不致於被當成商品買賣[1]。在統治台灣逾三十年之後，日本政府終於覺悟到必須放棄鴉片收入，決心興辦戒除鴉片癮者的矯正事業。日本之所以做成此項重大的決斷，實因財政上的顧慮已除，總督府已有相當的經濟後盾，因此才得以促成。

　　台灣財政於1914（大正3）年獨立於內地財政之外，甚至反而能提供中央的一般會計些許回饋[2]。約與台灣財政獨立的同時，第一次世界大戰爆發，身為日本殖民地，且在經濟上從屬於日本的台灣，與母國日本同樣呈現「趁火打劫式」的繁榮景象。因此，如表1[3]所顯示地，1914年之後儘管將被稱為「如洪水湧入的巨額收入」，也就是連總督府當局都感到炫惑的「砂糖消費稅」，納入中央的一般會計[4]，但台灣特別會計的歲入仍幾乎呈直線式地持續上升。

1　主張台灣賣出論者不只是日本人，在此之前中國首先赴美留學的學生，耶魯大學出身的容閎（1828-1912）也如此倡議。容閎在甲午戰爭時為調度軍費，向當時湖廣總督張之洞建議將台灣以四億美元的代價賣給歐美列強。即使他在戊戌政變之際逃往台灣，被當時的總督兒玉問到此事，他仍得意地表示，將來如果有機會還打算提出同樣的建議。容閎《西學東漸記》（自傳，廣文書局，民國50年9月），頁134-35、頁146-47。

2　矢內原忠雄『帝國主義下の台灣』（岩波書店，昭和4年），頁187。

3　這是自1914（大正3）至1929（昭和4）年止，從台灣的歲入決算中計算的結果。不過，1914至26年是根據大藏省《明治大正財政史》第一九卷（財政經濟學會，昭和15年），頁923-28；1927至29年是根據台灣總督府官房調查課《台灣總督府第三十四統計書（昭和5年）》（昭和7年），頁482。

4　東鄉實、佐藤四郎『台灣植民發達史』（晃文館，大正5年），頁361。

表1　台灣特別會計中鴉片於經常歲入總額所占比例

年度	鴉片收入 1	經常歲入總額 2	1/2 %
1914　（大正 3 年）	5,226,495	39,007,619	13.4
1915　（大正 4 年）	5,870,408	38,347,486	15.3
1916　（大正 5 年）	7,132,520	46,220,987	15.4
1917　（大正 6 年）	7,970,107	50,335,536	15.8
1918　（大正 7 年）	8,105,278	54,700,182	14.8
1919　（大正 8 年）	7,641,654	66,630,150	11.5
1920　（大正 9 年）	7,847,739	82,263,851	9.5
1921　（大正10年）	7,533,625	70,438,196	10.7
1922　（大正11年）	6,440,441	81,832,456	7.9
1923　（大正12年）	5,873,518	86,124,327	6.8
1924　（大正13年）	5,575,020	85,255,818	6.5
1925　（大正14年）	4,120,954	92,052,322	4.5
1926　（大正15年）	4,252,699	96,288,358	4.4
1927　（昭和 2 年）	4,377,444	93,215,763	4.7
1928　（昭和 3 年）	4,411,567	104,377,526	4.2
1929　（昭和 4 年）	4,027,936	107,581,500	3.7
※1927年度的鴉片收入是經由專賣收入概算而得			

　　截至1918（大正7）年為止，財政獨立後的鴉片收入雖仍持續上揚，但鴉片收入在年度歲入中所占的比率，並未與鴉片收入的增加成正比。在1918年的成長高峰之後，鴉片收入額即緩慢地下滑，但其在年度歲入中所占的比率卻是急遽地下降，直到1929（昭和4）年時，鴉片收入僅占年度歲入的3.7％。鴉片收入已不再如領台初期時那般地吸引人。此現象是因戰爭時的繁榮景氣，並因此促成產業發達而有更多稅

收，以及施行漸禁政策以來鴉片吸食者逐漸減少所致。

　　產業的發達不但改善勞動者的工作環境，且增加對健康勞動者的需求。總督府自1905（明治38）年起允許吸食鴉片「工資低廉的支那人」（即中國人－譯按）進入台灣。但至1919（大正8）年7月時，總督府民政長官向各地方長官發佈如下的通告[5]：

　　對渡台支那人中罹患鴉片煙癮者，授與鴉片煙膏購買吸食特許一事……今起當全面廢止，不予特許。已獲特許者當依下列規定辦理：

　　一、已獲特許者應予寬限至其所授鴉片吸食特許證上記載之有效期限屆滿。

　　二、長久於本島經營固定之事業，或因職業而長居本島者，若有繼續吸食特許之期望，應寬限至目前持有之特許證所記有效期限屆滿三年以內……應暫收取與其年限相當之特許費。

　　三、……

　　此通告宣稱其立場爲「鑑於支那政府的鴉片政策，對支那人之鴉片吸食不予特許」[6]。然而，此項理由在1905年時即已存在。中國政府自鴉片戰爭前持續採取禁止吸食鴉片政

5　台灣總督府專賣局（松下芳三郎）『台灣阿片志』（大正15年），頁395-96。

6　同上，頁395。

策，只是大多歸於失敗。因此，此通告與其說是鑑於「支那政府的鴉片政策」，莫若說是「總督府的鴉片政策」更爲合理，更接近眞實的情況。如此，中國籍鴉片癮者自1920（大正9）年被禁止進入台灣，在台灣的中國籍鴉片吸食特許者也如表2所示[7]，逐日急速地減少。

　　1919年7月民政長官的通告，顯然是台灣財政政策、鴉片政策、勞工政策變化的徵兆。這些都在產業發達的背景下，彼此密切相關。產業發達使得歲入豐厚，另一方面也增加對健康勞動者的需求。一旦財政豐厚，相對地對鴉片收入的依賴度自然減少。如表1所顯示，1919年度至1928年度的十年間，歲入增加與鴉片收入減少的趨勢，在穩定的關係中逐步形成，此點如實地道出財政結構已與領台初期時產生相當顯著的差異。此財政情勢的變化是總督府決心強化鴉片漸禁政策的主因。

7　1914至1925年，參見前揭『台灣阿片志』，頁397；1926至1929年，則參見杜聰明《台灣鴉片癮者之統計的調查　第八報告》，《杜聰明言論集》第二輯（以下略稱《杜聰明第八報告》，杜聰明博士獎學基金委員會，民國53年），頁564-65。

　　另外，自1923（大正12）年起，在台灣「居住之支那人應廢止其吸食鴉片特許，已獲吸食特許者應使其離境或戒除。目前若要全面戒除在現實上若無廢止特許之事配合，實無法達到目的。再者，在適當時期盡可能將特許時間延期，然後和廢止特許一事相輔相成」。此為1922年底總務長官向地方長官發佈。前揭《台灣阿片志》，頁396。

表2 中國籍鴉片吸食特許者

年度	授予吸食特許者數	死亡・戒癮・歸國者數	各年度末特許者數
1914 （大正 3 年）	2,090	906	1,124
1915 （大正 4 年）	2,548	1,199	1,349
1916 （大正 5 年）	3,257	1,328	1,929
1917 （大正 6 年）	4,172	1,353	2,819
1918 （大正 7 年）	4,520	1,577	2,943
1919 （大正 8 年）	3,302	1,000	2,302
1920 （大正 9 年）	1,166	146	1,020
1921 （大正10年）	1,013	103	910
1922 （大正11年）	924	107	817
1923 （大正12年）		25	702
1924 （大正13年）		44	658
1925 （大正14年）		54	604
1926 （大正15年）		56	548
1927 （昭和 2 年）		55	493
1928 （昭和 3 年）		57	436
1929 （昭和 4 年）		40	396

1. 1921年與1922年，對於其餘未領取吸食特許者，以交付轉移措施來處理。
2. 1923年後，在台灣的中國吸食特許者比照台灣擁有特許者的方式處理。

二、禁斷症狀在技術上的克服

　　鴉片癮（即慢性嗎啡中毒）之所以被傳爲難治或不治之症，主要是因爲鴉片癮患者無法克服禁食鴉片時難以形容的肉體、精神上的痛苦，也就是由於無法克服禁斷症狀所致。但是，台灣人醫學家、同時也是藥學家的杜聰明教授[8]，以近代的科學方法克服禁斷症狀所帶來的痛苦，在技術上突破矯正、治療鴉片癮患者的難關。

　　杜聰明早先即十分關切台灣的鴉片問題，亦曾多次嘗試治療鴉片癮患者。留學歐美期間，杜聰明受命於1926年7月參加在美國費城召開的「世界麻藥教育會議」（The World Conference of Narcotic Education），在會議中發表「台灣的鴉片

8　杜聰明在1893（光緒19）年8月25日，生於台灣北部的淡水。1914年畢業於台北醫學專門學校後，即進入總督府中央研究所。一年之後赴京都帝國大學留學，1921年回台被任命為母校副教授兼中央研究所技師。1922年4月升任教授，同年12月獲京都帝大授予醫學博士學位，成為台灣人第一個博士。1925年12月受命赴歐美留學，1928年4月返台後即進行有關吸食鴉片的研究。1929年4月兼總督府專賣局囑託，同年6月為了調查嗎啡中毒者及鴉片癮者的問題，赴朝鮮、滿州、中國考察。8月，提出覆命書及鴉片癮者矯正治療之意見書。

1930（昭和5）年4月，總督府台北更生院一開設，他仍任醫專教授並兼醫局長，成為實際上的責任者。日本因戰敗而放棄台灣後，他繼續擔任台灣戒煙所所長，始終為矯正事業而奮力不懈。（參照杜聰明《回憶錄》，杜聰明博士獎學基金管理委員會，民國62年）

問題」（The Opium Problem in Formosa），介紹台灣的漸禁政策，特別是台灣的〈反煙詩〉（The Song of Anti-Opium）[9]，引起極大的迴響[10]。自此次會議的經驗，他深感鴉片問題不僅僅關係日本在國際上的評價，更攸關台灣人的民族名譽，因此了解到此際對鴉片癮患者的矯正治療是相當緊要的課題。1928（昭和3）年4月學成歸國後，杜聰明立即開始進行鴉片及嗎啡中毒的正式研究[11]。

　　另一方面，一如先前所述，台灣總督府專賣局為設法促進漸禁政策並增加鴉片收入，早就費盡苦心研究逐步減少煙膏嗎啡含量的方法，從而生產出粗製嗎啡。但自上海國際鴉片會議之後，輸往中國以外地區的原料鴉片，在中國的禁煙政策下，已無法從香港的鴉片市場購得。總督府專賣局只好從孟買、倫敦籌措嗎啡含量較高的土耳其、波斯鴉片，於是更增加提煉嗎啡的必要[12]。

9　這首〈反煙詩〉為杜教授將1906（明治39）年7月版公學校漢文教科書中的反鴉片漢詩，加以英譯的作品。英譯全文如下：
The Song of Anti-Opium by Dr. T. Tu
Opium Smoker! The wretched fellow! Face like brass, all pinched and yellow. Pitiful! His body shrunk; Weak and stumbling, lean and bony, wrinkled skin and features stony. Gone and honor, strength and money. Up in Smoker, in ashes croaker.
Health and wealth, house, home and life. Through your pipe they have been flying, like a dream. Folks laugh, when dying you leave nothing but a crying, penniless and lonely wife. 前揭《杜聰明第八報告》，頁599。

10　前揭《回憶錄》，頁67。

11　同上，頁76。

12　台灣總督府專賣局（松下芳三郎）『台灣阿片志』（台灣日日新報社，大正15年），頁487-88。

第一次世界大戰一爆發，由於向來依靠德國輸入的藥用鹽酸嗎啡無法取得，日本因此自1915（大正4）年開始進行嗎啡的國產化，而總督府亦為了因應其需求，自同年起著手生產製造鴉片煙膏所得的副產品——粗製嗎啡[13]。可是，總督府為顧及鴉片煙膏的商品信譽，除了主要負責人詳知內情之外，提煉嗎啡的事實始終被當做最高機密處理[14]。

由於總督府對鴉片煙膏的嗎啡含量極度保密，因此杜聰明的研究首先從戳破此祕密的迷障開始。1928（昭和3）年，他依化學定量·定性分析的結果，驗出總督府專賣的鴉片煙膏中嗎啡含量只占5%[15]。順便一提的是，總督府為了保守粗製嗎啡的祕密，乃將該事業讓渡給星製藥株式會社獨占，使得星製藥株式會社因而大賺其錢。正因為如此，台灣各地傳聞星製藥株式會社及總督府專賣局官員間有「不可告人的關係」，以致於1924（大正13）年至1926（大正15）年間爆發「台灣鴉片事件」的疑獄事件[16]。

13　同上註。

14　荒川淺吉《阿片の認識》（昭和18年），頁212-17。

15　前揭《杜聰明第八報告》，頁567。前揭《回憶錄》，頁80。

16　星製藥公司的創辦人星一於1901（明治34）年自美國苦學回國後，由於在停留美國時和日本政府的高官有所接觸，而與台灣總督府民政長官後藤新平成為相識，由於兩人皆為理想主義者，一見如故地發展成「如影隨形」的關係。
　　1907（明治40）年，星成立專門從事製造家庭常備藥的星製藥公司。另一方面，由於星氏和後藤有深交，他著眼於台灣總督府製造鴉片煙膏，建議成立自鴉片抽出粗製嗎啡的專賣局。
　　第一次世界大戰爆發的同時，由於從德國輸入的醫療用嗎啡被迫中斷，星

氏即投入大量的人力及資金，以總督府的粗製嗎啡為原料，著手鹽酸嗎啡的研究及試製，在三個多月不眠不休的努力下，成功製造出嗎啡。

1915（大正4）年度以後，總督府將粗製嗎啡全權委由星製藥公司獨占專賣。由於嗎啡的獨占性製造與販賣，使星製藥公司業務極為繁盛，如同「藥之星」、「星之藥」般一時稱雄於日本的製藥界。

1917（大正6）年時，大日本製藥、三共株式會社、內國製藥等三家公司也向內務省衛生局取得嗎啡製造法，開始發起逐步成為總督府粗製嗎啡專賣公司的運動，然而總督府對此並未回應。

1919（大正8）年3月，內務次官要求總督府讓前述三家公司也取得粗製嗎啡的專賣資格，專賣局的擔當官員在開會後，決定斷然拒絕內務次官的要求。理由是著眼於星製藥公司在創始時投入許多的勞苦及資金，而讓嗎啡國產化，對國家有貢獻。特別是自鴉片煙膏抽出嗎啡的技術是非保護不可的最高機密。然而，專賣局卻未明示拒絕總督府粗製嗎啡非專賣資格的理由，而讓星製藥繼續其獨占專賣事業。

結果，日本國內盛傳星製藥和台灣（特別是政友會系及後藤新平系）的官吏間有不法的關係。第四十一屆帝國議會裏，對台灣官吏成為星製藥公司的股東一事多有指責。然而，由於台灣總督在台灣擁有絕對的權力，日本國內對此亦莫可奈何。

時移人變。後藤新平在擔任台灣總督府的民政長官後，歷任滿鐵總裁、通信大臣、內務大臣、外務大臣、東京市長等職務後，1923（大正12）年就任山本內閣的內相兼帝都復興院總裁。他的官運可說是乘青雲之勢，瞄準總理大臣之位。其政治資源自台灣總督府的鴉片，而星製藥則扮演這個管道。

後藤的對手加藤高明在1924（大正13）年成為護憲三派裏的內閣總理大臣，加藤內閣任命憲政會系的伊澤多喜男為台灣總督。伊澤上任後，馬上不管星製藥和總督府的契約（命令）是否持續有效，命令專賣局不必明示理由即中止星製藥粗製嗎啡的委任專賣。台灣鴉片事件就此發生。

台灣鴉片事件的起因是因為星製藥公司私賣鴉片，違反台灣鴉片令。經過兩年的纏訟後，至1926（大正15）年9月，第三審被判決無罪。無罪判決的根據是前述專賣局擔當官在祕密會議後，決定有關拒絕粗製嗎啡分期委託專賣的文書。附帶一提的是，星製藥雖被判決無罪，但由於公司已經破產，星一在判決確定後，嘆息說：「唉！民弱官強啊！」

星新一『人民は弱し官吏は強と』（新潮社〔新潮文庫〕，昭和53年）。大山惠佐『星一評傳』〈努力と信念の世界人〉（共和書房，昭和24年），頁99-102，125-58，171-89。星一『阿片事件』（非賣品，星製藥株式會社，大正15年）。花井桌藏『阿片事件』（弁論速記錄，非賣品，星製藥株式會社，大正15年）。伊澤多喜男傳記編纂委員會『伊澤多喜男』（羽田書店，昭和26年），頁147-52。二反長半『戰爭と日本阿片史』（すばる書房，昭和52年），頁63-81。

　　另一方面，如後述杜聰明報告的初步研究成果[17]。台灣的鴉片吸食者所吸食的鴉片中，只含有極少量的嗎啡成分，而且由於吸食用的鴉片槍（鴉片煙管－譯註）僅容其中11.2％的嗎啡通過，因此實際上進入吸食者肺部的嗎啡更加減少，所以矯正治療不但容易且是極有可能成功的。治療方法有禁斷療法和漸減療法。禁斷療法為禁止患者吸食鴉片，於短期內戒除鴉片煙癮的治療方式，此方法由於禁斷症狀激劇，鴉片癮患者耐不住痛苦，尤其是病弱、衰老的患者容易引起虛脫症狀，有招致生命危險的可能；而漸減療法則側重於長期地漸次減少鴉片煙膏的吸食量，但同時有耗時過長的缺點。

　　乍看之下，這份初步研究報告並無奇特之處，但在打破當時鴉片煙癮為不治之症的既成觀念上來看，因為其發言具有學者的權威，自然格外有其意義。若無這份初步報告，或許不會促使台灣總督府於1928年12月公佈鴉片改正令。

　　1929（昭和4）年4月，總督府為能進一步研究鴉片癮患者的除癮治療法，任命杜教授為專賣局「囑託」。上任後，杜教授馬上於台北市艋舺（萬華）的私立乞丐收容所「愛愛寮」，利用台灣充斥慢性嗎啡中毒患者的機會，開始進行正式的矯正治療實驗[18]。

　　愛愛寮做為實施鴉片癮患者的矯正治療場所，是一個相當理想的環境。由於此地不但是被隔離的機構，且所收容

17　前揭《杜聰明第八報告》，頁591。

18　前揭《回憶錄》，頁76。

的鴉片癮患者已然形同乞丐，能夠再有免費的鴉片煙膏可吸食，對他們而言正是求之不得的事，因之也有毛遂自薦自願接受治療實驗的鴉片癮患者。

有總督府的援助及各方面配合的環境，杜聰明開始以介於禁斷療法和漸減療法之間的折衷療法[19]進行除癮實驗。折衷療法的重點在於克服禁斷療法和漸減療法各自的缺點，意即緩和禁斷症狀的痛苦，並減短漸減療法所須耗費的時日。

杜聰明首先從內科學闡明慢性嗎啡中毒的禁斷症狀。結果，了解到欲緩和或完全克服禁斷症狀，必須能夠抑制迷走神經緊張，並促使交感神經緊張。據此，杜聰明研發以鹽酸嗎啡為主要成分的藥方代替鴉片煙膏。以此「愛愛寮處方」進行折衷療法實驗的結果，鴉片癮患者們幾乎未發生劇烈的禁斷症狀，便在短時間內得以治癒，遂因此在克服禁斷症狀上達到技術性的突破。接下來的課題，僅是研發適合鴉片癮患者各別體質的處方而已[20]。

總督府專賣局見到愛愛寮的研究成果後，命令杜聰明赴朝鮮、滿州、中國調查嗎啡中毒及鴉片癮患者的問題[21]。1929（昭和4）年8月，杜聰明完成調查返台，並立刻向總督府提出「對在台設立鴉片癮治療病院建議書」[22]。其內容如下：

---

19 前揭《杜聰明第八報告》，頁591-92。

20 前揭《回憶錄》，頁79-80。前揭《杜聰明第八報告》，頁591-92。

21 前揭《回憶錄》，頁76-79。

22 前揭《杜聰明第八報告》，頁569-71。

　　台灣之鴉片問題於官民之努力下得有超卓之良績,然以島內之實情及世界大勢觀之,仍須多所加強設備之更新及努力。第一、迄今之努力主要採取法規及教育上之手段,於預防一般民眾陷溺於鴉片煙癮之意義上有其功績,然對鴉片令發佈以前既存之耽溺鴉片者,卻無協助戒癮之相關實驗治療研究機構,甚是遺憾。自明治34年9月至昭和2年底,此二十八年間減少之136,709名鴉片煙癮者,悉由於其自然死亡而非因戒癮之故。第二、近來在台之鴉片違法吸食者正逐漸增加……第三、尚且國外注射鴉片中「嗎啡」及「海洛英」等有毒成分之風潮已傳入本島,煙毒將以此新特方式持續侵害島民……第四、以往違反鴉片令者以罰款了事,本年起依台灣鴉片令之改正,改處徒刑……耽溺煙癮者自願接受戒習療法之期望頓增。第五、鴉片煙癮患者若於一定之病房設施中接受專家之治療,當可較無苦痛而有成功戒癮之機……台灣雖基於人道之見地而樹立鴉片漸禁政策,迄今仍無與此相關之實驗治療學研究及專門治療機關,甚是遺憾。若藉由此等機關而於療法上有些許發現,不獨台島受益,對舉世之耽溺煙癮者亦可謂一大福音。……於總督府下成立中央治療研究所,以便對耽溺煙癮者施與實際治療,同時……進行中毒相關學理及有關實際問題之系統性實驗性研究,自當今世界之大勢觀之是極為緊要之問題。

　　杜聰明指出歷來漸禁政策在措施上的缺陷,有深遠的批判,且不斷強調鴉片癮患者的治療戒癮是可能的;設立中央

治療研究機關是當前的重要課題等，可說是補全後藤新平漸禁政策的缺陷。

在此同時，總督府亦針對杜氏的論點積極地加以檢討。同（1929）年12月，杜聰明受任為警務局囑託[23]，成為矯正事業的實質負責人。也約與此同時，石井警務局長發表前述聲明。

三、矯正設施與鴉片警察之配置

1930（昭和5）年1月14日，總督府突然公佈台灣總督訓令「鴉片癮矯正所規程」[24]，並於翌日設立「臨時鴉片癮矯正所」，開始矯正工作。如前所述，這一系列的動作目的在證實賀來佐賀太郎於日內瓦的宣傳，因而可說是專為遠東鴉片問題調查委員會來台調查而採取的臨時措施。然而，突如其來地公佈的矯正所規程，竟意外地成為關於鴉片癮矯正的第一個法規。這恐怕是當時的相關人士也始料未及。

矯正所設置時的規程，全文由六項規定和附則所構成，其簡略似正說明著總督府相關人士在設計此規程時的匆忙倉促。矯正所規程的目標，在於肅清台灣的鴉片癮患者、矯正

23　前揭《回憶錄》，頁80。

24　台灣總督府警務局《台灣ノ阿片制度》（昭和14年6月），頁66。

其鴉片煙癮，可謂爲人類史上一項超凡偉業的里程碑。其根本法規如下（條文中的〔〕爲著者所要約）：

第一條　於台灣總督府下設鴉片矯正所，並附屬於警務局。

第二條　鴉片癮矯正所依據台灣鴉片令，執掌鴉片煙癮之矯正工作。

第三條　〔矯正所各職員〕以台灣總督府部內職員充任。

第四條　所長掌理矯正所內事務並監督屬下職員。

第五條　〔矯正所各職員〕受所長之任命辦理所內各項事務。

第六條　……矯正所之名稱及位置另作規定。

　　　附則

本令自昭和5年1月15日起實施

此矯正所規程的第一條將矯正所隸屬於警察的管轄，乍看之下不能不生些許怪異之感。然此事在「警察萬能」的台灣，可說是再當然不過的事情。另外，正由於擁有萬能的警察，才有可能將預見困難的矯正工作近日成功。而由總督府甚至發動警察的強權執行矯正工作這點上，也顯示出其對矯正事業的決心。

但無論如何，僅僅公佈粗陋的矯正所規程，且在缺乏程序規定的情形下，自中央研究所的瘧疾研究中心借出三十個

病床做爲臨時鴉片矯正所，便立即開始矯正治療等等，在在顯示出總督府實行時的匆忙倉促。且莫說是戰時的軍政，此種「無法可據」的舉措即便是平時的台灣也甚罕見。

　　然而，此臨時的矯正所卻獲致極爲良好的矯正成果。從1月15日開辦至同年3月28日關閉爲止[25]，三十七名矯正治療的志願者使用杜聰明於愛愛寮研發的方法和藥劑進行矯正治療，完全成功地戒除鴉片煙癮[26]。非只台灣、日本，即便是人類史上，此亦爲首次依靠近代醫學矯正鴉片煙癮的成功案例。

　　總督府於關閉鴉片癮矯正所當天，公佈「鴉片癮矯正手續」[27]，以因應4月1日起於正式矯正所開始的治療工作。其中規定，將鴉片癮患者「由年少者及煙癮輕微者開始」，依次送入矯正所接受治療（第一條）、矯正費用之收取視其負擔能力（第四條）、「加算矯正費用在內之一切費用，一日以60錢計」（第七條）、「本令之規定準用於自動申請矯正癮癖者」（第九條）等等。

　　關於矯正所的名額，「鴉片癮矯正手續」第二條中定爲總計425名，如表3[28]所示。除台北外，於台灣各地的總督府立醫院中設立矯正科，依各醫院的收容能力決定名額。於台

25　台灣經世新報社《台灣大年表》（昭和7年），頁189。杜聰明《回憶錄》（杜聰明獎學基金管理委員會，民國62年），頁55。

26　前揭《台灣／阿片制度》，頁14。前揭《回憶錄》，頁80。

27　前揭《台灣／阿片制度》，頁67-68。

28　同上，頁68。

北則另設獨立的矯正所，以取代台北醫院。

表3　各地矯正所編制員額

院名	編制員額（名）
台北更生院	150
基隆醫院	5
宜蘭醫院	20
新竹醫院	40
台中醫院	60
台南醫院	50
嘉義醫院	20
高雄醫院	40
屏東醫院	20
花蓮醫院	15
台東醫院	3
澎湖醫院	2
合計	425

　　總督府收購台北市日新町一所已停業的私立醫院，在此設立做為台北地區矯正所的「台北更生院」[29]。院長和醫局長分別由總督府技師下條久馬一和杜聰明擔任，但實際上台北更生院的管理、營運皆由杜聰明負責，各地醫院附設矯正科的治療方式，亦皆採行杜聰明研發的方法[30]。

　　於各地設置矯正所的同時，總督府為加強取締鴉片犯

29　前揭《回憶錄》，頁81。

30　同上註。

罪，一舉新設四十名專門從事鴉片行政和搜查鴉片犯罪的鴉片警官[31]。其中，警部五名於各州分置一名，兼任州衛生課和刑事課的職務，使其能夠指揮監督鴉片行政及犯罪搜查的工作。專職取締鴉片的三十五名巡查，則配置於違法吸食和走私頻繁的地區，接受該區負責警部的統一指揮監督。

隨著矯正工作的開始，鴉片警察為因應違法吸食，將有違法吸食嫌疑者強制施與檢查診療，以醫學及藥理學上的診斷，確認是否具有違法吸食之實。同時，為阻斷違法吸食者的煙膏來源，一方面指定鴉片煙膏零售商的販賣地區，另一方面屬行零售商帳簿與吸食特許者購買簿摺間的核對，以謀求使矯正工作能有更好的成果[32]。

四、第一・第二期矯正事業與鴉片收入

●普查吸食特許者並強化管理

如前所述，1929（昭和4）年12月18日石井警務局長的增發鴉片吸食特許聲明甫一公佈，立即有25,527名違法吸食者提出特許申請，並因而掀起台灣民眾黨的反對運動。

總督府一方面命令各地方官廳進行違法吸食者的相關行

31　前揭《台灣／阿片制度》，頁29-30。

32　同上，頁32-33。

政調查；另一方面，於同年12月23日行政調查、醫學檢驗同時結束後[33]，對25,527名新特許申請者下達如表4[34]所示之處分。當時由於台灣民眾黨反對增發鴉片吸食特許運動異常激烈，無法給予申請者確定處分，因而添上表中的「預定」字眼。雖言「預定」，但受到「預定矯正處分」的12,156人，亦即刻送往各地矯正所接受治療；「預定禁止告誡」的6,201也接到禁止吸食鴉片的訓誡[35]。

表4　第一次診察結果

新特許申請者25,527人		
決定內容	預定吸食特許	7,170
	預定矯正處分	12,156
	預定禁止告誡	6,201

　　預定授與吸食特許的7,170人，自隔年5月1日至7月11日止，接受再檢查診療，並受表5[36]之處分。此次再檢查診療中，因事故等其他原因而無法接受檢查診療的123人，安排於其後已獲特許吸食者的檢查診療中同時受診。再檢查診療的結果，吸食特許者有33人、矯正處分者81人、已死亡者9

33　台灣總督府警務局『台灣ノ阿片制度』（昭和14年6月），頁116。

34　杜聰明《杜聰明第八報告》（杜聰明博士獎學基金管理委員會，民國53年），頁571-72。

35　前揭『台灣ノ阿片制度』，頁11-12。

36　前揭《杜聰明第八報告》，頁572。

人。因此如表6[37]所顯示，原來以違法吸食爲由申請新特許的25,527人中，在台灣民眾黨激烈的反對運動後，得減至5,518人。

表5　復診結果

吸食特許	5,485
矯正處分	1,347
告誡處分	8
因事故無法出席	123
死亡	207
合計	7,170

表6　新特許申請結果

新特許申請者25,527人		
最終處分細目	吸食特許	5,518
	矯正處分	13,584
	吸食禁止告誡	6,209
	死亡	216

　　總督府更進一步擴大鴉片癮患者矯正治療的目標，對已特許者進行檢查診療和普查。1930年7月9日的《台灣日日新報》、《台灣新聞》、《台南新報》上，均刊載著如下的警務局長談話[38]：

37　前揭『台灣／阿片制度』，頁16-17。前揭《杜聰明第八報告》，頁572。

38　前揭『台灣日日新報』，同『台灣新聞』，同『台南新報』，昭和5年7月9日。

228

　　爲確保並促進鴉片漸禁之完成，皆已實施鴉片改正令，更於去年12月起調查違法吸食癮者，個別人道合理地置於戒癮之措施下。特別確立嚴重煙癮患者之矯正新政策，既有特許者亦應納入矯正之列……茲於違法吸食者之處分亦將告一段落，下月（8月）初旬起開始對既有特許者之檢診工作。基於鴉片改正令之精神而得矯正其癮癖者，有協助矯正戒癮之意向。因此，切望吸食特許者能秉持制度之精神，遵守當局之處置，進而堅強自身矯正之心願，以致絕斷弊習爲是。

　　警務局長的此項談話立即被付諸實行。8月1日至11月9日，「依例對違法吸食者進行檢查診療」[39]時，不再認可已獲特許者的一切特權，並「於總督府技師監督之下，分設地方衛生技官……以警察署轄內爲一診斷區……一定期日中……於警察署其餘適當場所內**留置十數小時**……**精密診察其禁斷症狀**並確認其癮程度，唯癮入膏肓或併發不治之症等無法獲得矯正之效果者」[40]，可以繼續享有吸食特許。

　　將鴉片吸食者隔離於一定場所、留置十數小時，並自其禁斷症狀判斷是否給予吸食特許。爲能識出違法吸食鴉片的嫌疑者，此手段應是相當正確的方法，只是對於鴉片吸食者來說，則是非常痛苦的事情。總督府甚且對已獲特許者亦採行此種方式，更可見其禁絕鴉片的決心。

39　前揭『台灣／阿片制度』，頁12。

40　同上，頁22。

　　已獲特許者的普查結果如表7[41]所示。如此，總督府在全面普查新特許吸食者以及已獲特許吸食者之後，於1930（昭和5）年底起，已能完全掌握如表8[42]所示之鴉片吸食特許者、奉命矯正者、奉命戒癮者等鴉片人口。此事在貫徹鴉片政策上具有十分重大的意義。

表7　已獲特許者整理結果

處分細目	吸食特許者	18,327
	奉命矯正者	3,884
	奉命戒癮者	1,253
合計		23,464

表8　1930年底鴉片人口一覽表

類別	吸食特許者	23,845
	奉命矯正者	17,468
	奉命戒癮者	7,462
合計		48,775

　　對於這些鴉片人口，總督府將矯正處分者依次送入矯正機構，施與矯正治療；戒癮處分者亦置於鴉片警察的嚴密監控之下，必須於每一固定期間按時前往報告戒癮後的狀況，以觀察戒癮的效果[43]。

41　前揭《杜聰明第八報告》，頁572。前揭『台灣／阿片制度』，頁17。

42　依本節表6及表7的統計所計算出。

43　前揭『台灣／阿片制度』，頁29，32-33。

　　再者，總督府爲防止新的違法吸食者產生，不僅加強取締鴉片走私，並爲了改善以往「特許證持有人，將一日吸食最大限量之一部分鴉片煙膏，讓與他人以收取權利金。特許證持有人中，甚有專事收取權利金而維持一家生計者」[44]的情況，一如以下所見，對吸食特許者指定其吸食量，並在購買鴉片煙膏上加以限制。

　　總督府於全面普查鴉片人口時，獲得吸食特許許可者大多僅限於老弱及患病者。儘管如此，發行特許證時，再次參考衛生相關人員的診察，一一減少及指定每位吸食者的鴉片煙膏吸食量，做爲特許的條件[45]。更於鴉片煙膏的購買上，設下如「不得購買或持有超過吸食量三日份之鴉片煙膏」、「購買時，須由零售商……於簿摺上記錄鴉片煙膏之購買量、金額、日期、住所、姓名」、「吸食之煙膏數量不得過於每日之吸食指定量，並……不得與非吸食特許者（家族除外）同席吸食鴉片煙膏」、「如無警官之認證，不得向指定區域外之零售商購買鴉片煙膏」等前所未有的重重限制[46]。

●第一・第二期矯正工作、鴉片令的修正、 鴉片收入的變化

　　自1930（昭和5）年4月1日起，矯正事業在台灣各地的矯

44　前揭《杜聰明第八報告》，頁570。

45　前揭『台灣／阿片制度』，頁33-34。前揭《杜聰明第八報告》，頁578-82。

46　前揭『台灣／阿片制度』，頁36-37。

正醫院進行，對一萬七千餘名患者施行矯正治療，預定於
1934（昭和9）年3月底前初步完成。總督府為調查接受矯正
者出院後的狀況，特別是否再度吸食的情形，以籌畫其對
策。自1934（昭和9）年1月22日起至3月27日，從已矯正結束
的15,101人中，取7,727人（過半數）隨機抽樣，施予醫學檢查
（其結果見表9）[47]。總督府認定矯正的有效度為50%，推斷有
必要再次接受矯正者有30%，並判斷「以鴉片癮患者之特質
而言，斯程度之再吸食亦屬無奈。唯以後當以警力加強抑制
其違法吸食，如此，矯正後之成績概稱良好」[48]。

　　於是，第一期（1930年4月1日～1934年3月31日）矯正工作
就此告一段落。

表9　矯正效果

完全矯正	3,565
須監視	1,690
須再矯正	2,384
矯正困難	88
合計（人）	7,727

　　然而，總督府認為「鴉片癮患者之特質上需要再接受矯
正者亦不少，且有新陷入煙癮者，是以鴉片癮患者之矯正有
其繼續之必要」，遂於台北更生院留下五十個床位，自1934

47　同上，頁31。

48　同上，頁30。

年4月1日起展開第二期的矯正工作[49]。

為彌補鴉片改正令於矯正工作進行時顯現的缺陷，總督府於1936（昭和11）年再次對鴉片令進行修正[50]，在鴉片改正令上增加（對非鴉片煙膏吸食特許者）「強制」（第十三條第五項）、「幫助非鴉片煙膏吸食特許者吸食鴉片……」等情況的相關規定。簡言之，此次修正規定對於強制、協助他人吸食鴉片的情況，前者「科處五年以下之徒刑或五千圓以下之罰金」；後者「科處三年以下之徒刑或三千圓以下之罰金」。

第二期矯正工作於1942（昭和17）年3月底結束，其成果如表10[51]所示。矯正工作歷時八年，矯正治療的成果卻不能令人完全滿意。除136名毒品中毒者不計以外，接受矯正治療的鴉片癮患者只有1,679人，而自願矯正者僅占其中90％。特別是如表11[52]所示，殘留的特許吸食者人數依然相當可觀，雖則年年持續地減少，但大多不是源於矯正治療的成功，乃依舊是自然死去或自動戒癮的結果。

49　同上，頁25。

50　外務省條約局『律令總覽』（昭和三五年一月），頁51。

51　前揭《杜聰明第八報告》，頁597。

52　（一）自1919年度迄1926年度的經常收入及鴉片收入，前揭《明治大正財政史》第一九卷，頁923-38。自「台灣總督府歲入決算累年一覽表」所抽出資料做成。

　　（二）關於1927年度迄1941年度的經常收入及鴉片收入，自《台灣總督府統計書》抽出第三四、四〇、四五的統計和鴉片的收入對照後算出其百分比。然1927年度的鴉片收入是從同年度的專賣收入總額估算，而1931年度的鴉片收入則是推算額。

　　總而言之，吸食特許者及鴉片收入雖然同時有所減少，但吸食特許者在鴉片上的支出[53]反而因此大幅地增加。此一事實或可解讀為多數的特許者與其忍受禁斷症狀的痛苦，莫不如選擇「鴉片禁止稅」的沉重負擔。另一方面，以財政的觀點來看，鴉片收入自1940（昭和15）年度起僅占1％，已然失去以往的重要性。換言之，矯正事業（鴉片政策）開始進行根本性轉變的時機，可說已經臻於成熟。

表10　第二期矯正事業的成績

年度別	1934	1935	1936	1937	1938	1939	1940	1941	1942	矯正者別小計
受命矯正者	55	30	26	19	5	3	2	9	28	177
自願矯正者	18	213	273	363	247	174	156	49	9	1,502
毒品中毒者	5	7	8	7	9	23	28	43	6	136
合計	78	250	307	389	261	200	186	101	43	1,815

(三) 1919年度迄1938年度的特許吸食鴉片者數及其人口比例的百分比，前揭《杜聰明第八報告》，頁3-5。
(四) 1934年度迄1941年度的特許吸食鴉片者數及其人口比例的百分比，前揭《杜聰明第八報告》，頁564-65。
53　關於表11第③項鴉片收入，當然包括政府代為出售的費用。然而，此點並不表示可以從鴉片的收入除以特許吸食鴉片者數中，得到一個特許吸食者平均支付的金額，而只能當做依年度別比較特許吸食鴉片者吸食費用多寡比較的參考資料。

表11 台灣鴉片吸食特許者與鴉片收入

年度	特許吸食者（人）①	①的人口所占比例	經常歲入（日圓）②	鴉片收入（日圓）③	③/②%	③/①%
1919 （大正 8 年）	52,063	1.5	66,630,150	7,641,654	11.5	146.8
1920 （大正 9 年）	48,012	1.3	82,263,851	7,847,739	9.5	163.5
1921 （大正10年）	44,922	1.3	70,438,196	7,533,625	10.7	167.7
1922 （大正11年）	42,108	1.2	81,832,456	6,440,441	7.9	153.0
1923 （大正12年）	39,463	1.1	86,124,327	5,873,518	6.8	148.8
1924 （大正13年）	36,627	1.1	85,255,818	5,577,020	6.5	152.3
1925 （大正14年）	33,755	0.9	92,052,322	4,120,954	4.5	122.1
1926 （大正15年）	31,434	0.8	96,588,358	4,252,699	4.4	135.3
1927 （昭和 2 年）	29,043	0.7	93,215,763	4,377,444	4.7	150.7
1928 （昭和 3 年）	26,942	0.6	104,377,526	4,411,567	4.2	163.7
1929 （昭和 4 年）	24,626	0.6	107,581,500	4,027,936	3.7	163.6
1930 （昭和 5 年）	23,237	0.5	98,516,544	4,349,818	4.4	187.2
1931 （昭和 6 年）	21,298	0.6	103,499,069	4,483,138	4.3	210.5
1932 （昭和 7 年）	19,532	0.4	96,583,189	3,460,008	3.6	177.1
1933 （昭和 8 年）	17,820	0.4	100,644,080	2,895,264	2.9	162.5
1934 （昭和 9 年）	16,190	0.3	110,614,520	2,558,371	2.3	158.0
1935 （昭和10年）	14,644	0.3	123,407,834	2,567,588	2.1	175.3
1936 （昭和11年）	13,278	0.3	138,144,215	2,161,203	1.6	162.8
1937 （昭和12年）	11,960	0.2	153,455,476	2,752,389	1.8	230.1
1938 （昭和13年）	10,788	0.2	176,713,772	2,613,053	1.5	242.2
1939 （昭和14年）	9,613	0.18	216,356,142	2,878,636	1.3	299.5
1940 （昭和15年）	8,594	0.14	245,853,437	2,278,542	0.9	265.1
1941 （昭和16年）	7,560	0.1	265,864,601	1,841,522	0.7	243.6

五、杜聰明與矯正工作

　　台灣鴉片問題的成功大多被歸於後藤新平的功勞，但是彌補後藤漸禁政策的大缺陷，使其圓滿者卻是杜聰明教授。後藤新平的功勞廣為人知，但杜聰明的貢獻卻幾乎遭受埋沒。事實上，若無杜聰明的自我奉獻和努力不懈，恐怕不會有達成「台灣鴉片問題成功」之日。

　　鴉片癮患者或麻藥中毒者的禁斷症狀堪稱是最痛苦的經歷，也最令人不忍卒睹。即使「高貴」如滿州國的婉容皇后，在禁斷症狀發作時也體面盡失[54]。要對這些令人反胃的患者和症狀持續作長達數年的「精密觀察」，即便是醫師也不會感到暢快。杜聰明秉持著敦厚的「家族主義」精神才得以完成。

　　1938（昭和13）年4月刊行的《台灣警察四十年史話》中，如此表揚杜聰明對矯正事業的貢獻。

　　……實際治療上的負責人，是台灣藥學界的權威杜聰明博士……杜博士說明治療病患的三大標語是「1.患者的決心、2.醫院中的家族主義、3.研發良藥」。當初以為進入更

54　兒島襄『滿州帝國』第三卷（昭和51年），頁436-39。

236

生院就如同押入大牢的患者們，在院內受到院方親切的對待
而感到驚訝不已。據傳甚至因而有自願自費入院的患者，這
是開始時幾未有過的現象……[55]

　　1938年4月，正是台北更生院開設的第八年，亦是處於
矯正工作第二期的期間，此時杜聰明對矯正事業的貢獻已獲
得相當的肯定。以下即以此三項標語為中心，進一步窺知矯
正工作的內容。

　　從愛愛寮的實驗及治療經驗中，杜聰明已理解出為緩和
鴉片癮患者的禁斷症狀，必須抑制迷走神經緊張並促進交感
神經緊張的所謂內科學原理，唯獨如何依各患者體質開出合
適的藥方，尚在研究階段。透過第一、第二期矯正工作的治
療經驗，杜聰明配合藥散和藥水，共研發出十一種藥方[56]。
這些藥方藉由增減主要成分，便可一概用之治療所有體質的
病患[57]。

　　有效的藥方是將矯正工作導向成功的首要條件。在一甲
子（六十年）前所研製出的「更生院藥散」（Pulvis Koseinh）、
「更生院藥水」（Liquor Koseinh），這些藥方即使到今日仍
有相當的價值，並能發揮一定的療效[58]。舉例而言，香港
政府自1976年以來推行的大規模「美沙酮解毒計畫」（The

55　鷲巢敦哉『台灣警察四十年史話』（昭和13年），頁472。

56　前揭《杜聰明第八報告》，頁592-93。

57　同上，頁594。

58　昭和52年7月5日，和杜聰明教授的訪問。

Methadone Detoxification Program）[59]，便是將一種美沙酮藥水
（Methadone Solution）的藥方，長期施與鴉片、海洛英毒癮者
的戒癮計畫。美沙酮藥水的主要成分即是與更生院藥散、藥
水同樣成分的鹽酸嗎啡。更生院的十一種藥方配合著患者的
體質差異而調配，並早於香港四、五十年前即研發完成。由
此方面觀之，更生院單是在藥劑的研發上就比今日香港的美
沙酮計畫先進許多。

　　杜聰明於更生院研發的醫療技術中，至今依然對人類
有所貢獻的是尿中嗎啡檢測法[60]。當時在台灣，官憲檢舉違
法吸食者，乃是以嫌犯禁斷症狀的有無發作為證據。此方式
雖稱可靠，卻相當耗時，且平添嫌犯的痛苦與官憲公務的繁
瑣。杜聰明在一次又一次的矯正治療中，了解到藉由檢驗尿
中的嗎啡含量即可測知患者毒癮的程度，是最簡便也是最科
學的方式，因而將此技術用之於官憲檢舉犯人及鴉片癮患者
的矯正治療上。世界各地的警察不久即紛紛採用此種技術，
沿用至今[61]。

　　更生院對鴉片癮患者而言形同監獄，對院中的工作人
員來說也不是爽朗的工作場所。杜聰明倡導的所謂「家族主
義」，將此陰鬱的印象一掃而空。更生院在醫師、護士、病

59　The Action Committee Against Narcotics, "Hong Kong Narcotics Report 1976", Hongkong Government. pp.24-26.

60　前揭《杜聰明第八報告》，頁593，596-97。

61　今日警察檢舉麻藥使用時所用的方法，雖有若干的進步，然不脫當時的原理。1977年（昭和52）年7月2日，和杜聰明教授的訪問。

患（煙癮患者）之間建立起良好的人際關係及信賴關係，是矯正工作成功的關鍵。矯正工作若僅憑一紙矯正命令或警察的強權是無法順利運作的。

殖民統治中統治者和被統治者之間的民族對立，只要一日存在著相互間的支配關係，就注定是難解的課題。但更生院的矯正工作中並不存在上述宿命般的民族對立，此純因院方與病患均屬台灣人的緣故。

以目前的文獻資料無從得知更生院當時如何在人際關係中處理民族問題。可得知的是，總督府雖任命日本人為更生院院長，卻也只是和矯正工作無實質關係的「名譽職」[62]，更生院的運作及管理皆委任台籍的醫局長杜聰明。總督府更一併授予杜聰明台北醫學專門學校（後為台北帝大醫學部）專任教授、總督府中央研究所衛生部兼任技師、專賣局囑託、警務局囑託、更生院醫局長五職，使杜聰明的任務能在毫無阻礙的狀況下順利進行。

矯正工作的全權負責人杜聰明，因考慮到更生院本身醫院的特殊性，在更生院成立的同時，亦著手進行若干附屬事業[63]。進入更生院的病患既非一般醫院中的急症病人，也不是病情危篤的重病患者，是比普通人更穩定安靜的鴉片癮患者[64]。但是和一般醫院不同的問題是，如何將院中的煙癮患

---

62 前揭《回憶錄》，頁81。

63 同上，頁81-83。

64 如同上節表10所見，第二期的矯正事業，雖有136名的麻藥中毒者也在更生院接受治療，但從台灣鴉片問題的課題來看，將麻藥中毒和鴉片吸食者分開思考，對台灣鴉片問題較為便利。

者與鴉片、麻藥隔離。杜聰明提出的方法，便是成立專爲煙癮患者開設的「芙蓉講習所」[65]。

　　由於鴉片癮患者中，無知的文盲占絕對多數，芙蓉講習所的目的便在於利用六週左右的矯正入院期間，對病患進行一系列的教育。此舉並非僅僅對煙癮患者做「犯人」一般的嚴密監視，更爲了防止病患出院後再度陷於煙癮，乃藉由講習所教育病患鴉片惡害帶給個人、家庭、社會、民族的影響、出院後的衛生保健知識、吸食鴉片對人體造成的毒害、戒除鴉片煙癮的方法，並介紹決心戒癮而成功的實例，進一步教育病患回到社會所需要的基本文字能力。藉著讓癮者參加教育課程，使其在院中的無聊時間變得更有意義，而達到名副其實的「更生」。芙蓉講習所教育計畫亦是更生院限制、監控治療中病患行動的方式之一。如上節表10所示，自願矯正者占絕對多數的原因，其實正在於此。

　　除了入院的煙癮患者，杜聰明更關照到更生院中工作的護士。當時的台灣女性，特別是護士，均以獲得助產士的資格爲目標。助產士婚後雖身爲家庭主婦亦可開業；因此結婚時，助產士執照是一件具有無限魅力的嫁妝。杜聰明接受護士們的請求，在再教育與提昇工作意願的考量下，於更生院設立「助產士講習會」，並親自兼任主任及學生監督，主導管理、運作講習會的工作。許多更生院的護士因而通過助產士的國家考試，獲得執照。杜聰明在回顧過去時說道，正因在更生院裏可一面工作，同時接受助產士講習課，當時台灣

65　前揭《回憶錄》，頁82。

優秀的護士幾乎都蜂擁至更生院求職，以致於需要舉辦考試以篩選入院工作的護理人員。獲選的護士們自然亦忠實地努力從事更生院的工作。

此外，杜聰明身爲一個研究者有其獨到的先見之明。他對台灣人不幸染上吸食鴉片惡習而被嘲劣等民族一事相當痛心，但身爲研究者這亦是一個難得的研究機會。杜聰明從台北醫專或台北帝大醫學部的畢業生中，大量錄用對基礎醫學感興趣的人進入更生院。當時醫學部的台灣學生多期望能自行開業，由於開業醫師在自由業中擁有固定又豐厚的收入，且毋須仰賴異民族統治者的鼻息過活，因此是相當令人欣羨的職業。相對於此，在總督府立醫院工作雖有六十圓的高額起薪，但必須接受日本人的監督掌控。杜聰明考慮及此，於是說服總督府以更高的一百圓起薪錄用更生院醫師，並使其能兼任醫師與研究的工作。

於是，矯正工作便如此在煙癮患者、護士、醫師一致合作的「家族主義」下穩健前進，成爲舉世的先驅。更生院的研究報告在世界各地的學會中廣被介紹，外務省並將其報告上提國際聯盟和國際鴉片會議，此點對拉抬日本的國際信用亦產生不小的貢獻。

杜聰明對於矯正工作及嗎啡中毒研究的貢獻究竟多大，自以下介紹的兩項事實便可充分表明。1960年10月，美利堅合眾國政府頒給杜聰明如下的表揚狀：「杜聰明博士在醫學的專業領域中，歷四十年之研究而不輟，其成果在母國和世界中已成爲一里程碑。其有關麻藥中毒之複雜課題的研究及

著作，將永誌於其母國及國際的醫學界……」[66]另外，1968（昭和4）年12月，日本政府雖稍遲一步，但仍由「日本國天皇……授與杜聰明勳二等瑞寶獎章」[67]，以表揚其功績。

66　同上，頁84。

67　同上，頁260-61。
　　日本政府於第二次世界大戰結束前，授予杜聰明教授勳三等獎章，為在戰後與台灣統治當局保有最密切關係的佐藤內閣所授勳的第一人。有關授勳一事，日本的島津久大大使曾致詞說：「杜聰明老師身為台灣醫學界耆宿，長年服務於台灣醫學界。對日台醫學界交流，貢獻卓著。」（前揭《回憶錄》，頁261）此為日本政府對國民政府所作委婉之語。杜教授對於此點，曾言：「授勳是針對我在更生院的工作而來，所以有各種政治考量，故以醫學交流云云來致詞比較方便。」上述杜教授所言為1977年7月5日專訪杜教授的一部分內容。

▌第七章▐

台灣鴉片問題的落幕

一、杜聰明的第二意見書

　　1940（昭和15）年10月，以近衛文麿爲中心的日本政府，
爲推動重新組織國民的新體制運動，設立大政翼贊會。爲
呼應此項運動，台灣亦設立推進同化政策（台灣人日本人化）
的「皇民奉公會」[1]，進行「內台一家理念下的後方實踐活
動」，展開「謀求提昇帝國臣民資質，落實內台如一成果」
的「皇民化運動」[2]。此項運動是與總督府行政系統表裏一體
的關係下所推動，爲「發揮戰爭期間國家總體力量，使戰力
增強方面能無所遺憾」，期待「國民的積極合作和擔負艱鉅
時局的熱誠」[3]。

　　當時，業已身兼五職（或以上）的杜聰明教授亦不能免於
皇民化運動的風暴，而被委任爲皇民奉公會台北州支部生活
部長[4]。然而，出任總督府高官的杜聰明教授，卻「抱有極強
的民族意識，並以身爲台灣人爲榮」，即使在台灣人姓名日
本化的改名運動中，亦斷然拒絕改換自己的姓名，而僅以生

1　台灣總督府『台灣統治概要』（明治百年史叢書，原書房，昭和48年），頁
　　79-80。

2　外務省條約局『日本統治下五十年の台灣』（昭和39年），頁32。

3　前揭『台灣統治概要』，頁79。

4　杜聰明《回憶錄》（杜聰明博士獎學金管理委員會，民國62），頁111。

活部長的身分專事改善台灣人生活形態的工作，全心奉獻於排除台灣人吸食鴉片的惡習[5]。

　　基於第一期矯正事業以來的經驗，杜教授了解戒除鴉片煙癮的治療並不困難，有鑑於台灣人文化生活及衛生觀念已普遍提高，他判斷強化矯正事業（亦即，對既存鴉片吸食特許者進行矯正治療）的時代已經成熟[6]。於是，他掌握皇民化運動的機會，而於1940（昭和15）年提出「鴉片吸食特許者矯正治療建議書」[7]。該建議書的要旨如下：

　　在台灣實施的鴉片漸禁政策，是世界上所有麻藥中毒者對策中，最值得誇耀的制度……自樹立此鴉片漸禁政策以來，迄今業已經過四十年……全島現存吸食鴉片特許者的人數、鴉片販賣數量、每日吸食量等均已顯著減少。目前僅剩約10,780人，此狀態深獲世界各國的讚賞。

　　同時，隨著時勢的變遷，島民文化衛生思想的發達，鴉片癮治療方法的進步，特別是如今處於非常時局之際，台灣鴉片漸禁政策的最終措施，即是今後將目前僅存少數鴉片吸食特許者迅速矯正治療的方法已可充分期待。第一項理由是矯正治療鴉片吸食特許者方法的發達與進步……根據台北更生院的矯正治療成績顯示，鴉片癮者的除癮治療較嗎啡中毒者的治療更容易且無甚痛苦。依吾人的見解與經驗，現存吸

5　同上。

6　杜聰明《杜聰明第八報告》，頁573。

7　同上，頁573-75。

食特許者至少有七成可容易確實地成功除癮。

　　第二項理由是鴉片煙膏專賣制……此制明顯是以防止或統制私自吸食鴉片者為主眼而設立，而非以收入為目的。就實施迄今的國庫收入方面觀之，販賣價格最高為大正9年7,708,235日圓，在最近的昭和13年度僅剩2,003,045日圓……扣除相關費用之後，淨利僅餘數十萬乃至百萬日圓。

　　第三項理由係基於目前的非常時局，中央政府正極力防止統制外匯流出國外，而單是購買生鴉片原料每年須流出五、六十萬日圓的外匯。換言之，鴉片吸食特許者若得以除癮矯正，即可防止外匯流出國外……

　　第四項理由為東亞鴉片會議的結論。依東亞鴉片會議決議，東亞各國應協調鴉片禁止政策……東亞鴉片會議的目的……「為達成帝國的道義使命，帝國應漸確立日滿中相互關係」……「以此精神為體，將鴉片逐出東亞」，乃是此政策的根本意義……帝國若疏於東亞的鴉片肅清工作，則將墮為往昔英帝國主義的亞流，以鴉片為國家財政經濟資源的考慮業已過時，為一時權宜之計的措施……由今日東亞的長遠方針，特別從道義性東亞建設的見地來看，應早日將其拋棄，以求日滿中三國在國家經濟財政上的正當來源。

　　第五項理由與滿州國及朝鮮有關。滿州國早於昭和13年確立十年鴉片禁絕政策，並逐步進行計畫，致力於在較短期間內建立禁絕成果。朝鮮於此前方實施慢性嗎啡中毒者的強制治療，且已有相當的成績……台灣較前述地區更早樹立禁絕政策……並已有值得誇耀的成果，鑑於今後東亞的情勢，

吾人更有進一步推行促進禁絕政策之必要。……台灣目前（昭和12年度底）鴉片吸食特許者有12,063人，較前一年度減少1,511人。……由前述特許者及減少人數比例來看，台灣廢止鴉片專賣制度並不困難。

第六項理由是：對鴉片吸食特許者實施矯正治療是防止台灣發生私下吸食的唯一方法。……對吸食特許者進行除癮治療，不單是救濟特許者本人，亦可於全島確實防止私下吸食者。

第七項理由是：鴉片吸食特許者本身已對實施除癮治療有相當的理解……他們亦自覺到吸食鴉片對其身體有害，且深知除癮治療並不痛苦……希望接受除癮治療者已有相當人數，且其家族亦對此深表感謝。

第八項理由是：此事為保健衛生上極其要緊的事……

依上述各項理由，對僅有的鴉片吸食特許者實施矯正治療是期待台灣鴉片漸禁政策臻於完備所必要之事。同時，此點亦符合外務省於昭和五年在國際聯盟所宣佈「現在已能明確指出，十五年內將於台灣完全禁止製造、販賣及使用鴉片煙膏」的說法……

最後，關於對此等鴉片吸食者進行矯正治療之方法，第一是除特許者死亡、戒癮等自然減少之外，於五年內將彼等陸續收容於台北更生院矯正治療。

台北更生院之定額為二百五十床，矯正每名患者平均預定須五十日，故一年為1,093人，五年合計5,465人。依特許者死亡及戒癮自然減少者的比例推算，五年約可達4,000人，

而昭和15（1940）年度死亡者有1,000人，合計10,465人。此
數已接近現存吸食特許者的全數，而剩餘之323人可視爲矯
正不可能者。

　　第二、關於矯正治療的順序，可由最年少者、最少指定
量者及無併發症狀之健康吸食特許者開始……從容易除癮者
著手，將死亡率較高者順延後移……

　　第三、對於已出現併發症狀成爲無法矯正者，最後是使
其服食藥用鴉片粉末以代替鴉片煙膏。若採此法，則政府有
必要對鴉片煙膏實施製造配給。

　　第四、……

　　此份杜聰明的第二意見書完全補足後藤新平漸禁政策的
缺陷，並巧妙利用緊迫的時局以及大政翼贊運動推及台灣的
情勢。台灣總督府基於次節所述理由及意圖，更欲強化鴉片
癮者的矯正事業，承認台灣有一掃鴉片吸食者的必要，故乃
採用杜教授的意見，將鴉片政策從漸禁轉爲禁絕[8]。

　　以禁絕鴉片吸食爲目標的第三期矯正事業，成立自1942
（昭和17）年度開始的五年計畫。受命進行準備工作的杜聰
明教授，立刻著手對現存鴉片吸食特許者實施醫學總檢診[9]。
此項總檢診的目的爲：一、斷然實施鴉片吸食特許者的再減
量。二、斟酌鴉片吸食特許者的體格、健康狀態、年齡、有

8　同上，頁575。

9　同上。

無併發症狀、吸食量及警察特別指定事項，而減少其吸食量。三、在不增加鴉片吸食特許者痛苦，不使併發症狀惡化的範圍內，盡可能減少其鴉片吸食量。

為使相關負責人能貫徹總檢診的目的及原則，乃自1941（昭和16）年3月1日至同年5月3日，先對現存吸食特許者8,168人進行檢查診療。其結果為業已自發性戒癮者108人，而減量及矯正可能者為5,906人[10]。

於是，第三期矯正事業於1942（昭和17）年4月1日[11]如火如荼地展開，但由於總檢診時已有許多鴉片吸食者相當衰老或病弱，使得吸食者自然死亡的人數逐漸增加，故事實上在第三期矯正事業開始時，鴉片吸食特許者已更為減少。

二、戰時體制的要求

●內外地一元化的走勢

以1919（大正8）年3月朝鮮的「萬歲事件」[12]為契機，日本的殖民地統治政策有極大的變化。政友會的原敬內閣修改

10　同上，頁576-88。

11　同上，頁598。

12　參照朝鮮憲兵隊司令部『朝鮮三・一獨立騷擾事件』（巖南堂書店，昭和14年）。山辺健太郎『日本統治下の朝鮮』（岩波書店，昭和46年），頁58-106。

朝鮮或台灣總督府的官制[13]，將以往有軍政機關之名的總督武官專任制，改為可任命文官總督的制度，從武斷政治改為文治主義[14]。

首位台灣文官總督田健治郎，宣示要將台灣人變成日本民族的同化政策，並將迄今為止以當地情勢為中心的統治，改為內地延長主義[15]。在1921年2月的第四十四屆國會中，田總督對內地延長主義說明如下：

正如先前我在貴會所提出的，所謂內地延長主義乃是我國統治台灣的大方針。結果與所謂殖民地完全是「Colony」而發達其自治有別，帝國對台灣的方針採取發達其第二自治，亦即在幾個方面等同內地，進行相同的文化工作……[16]

此次同化政策與原敬在日本領有台灣之後擔任台灣事務局委員的主張完全一致。他當時主張：「與德法之『亞爾薩斯‧洛林』相同，亦與法國在『阿爾及利亞』相同，雖授

---

13 朝鮮總督府『施政三十年史』（昭和15年），頁135-36。外務省條約局『日本統治下五十年の台灣』（昭和39年），頁163-64。

14 姑且不論本質，表面上在朝鮮提倡「文化政治」，在台灣則推行「同化政策」。有竹修二『齊藤實』（時事通信社，昭和33年），頁63-67。田健治郎傳記編纂會『田健治郎傳記』（同會，昭和7年），頁382-86。

15 井出季和太『台灣治績志』（台灣日日新報社，昭和12年），頁625-27。

16 外務省條約局『台灣ニ施行スヘキ法令ニ關スル法律ノ議事錄』（昭和41年），頁419-20。

與台灣總督相當的特定職權,但台灣的制度應盡可能接近內地,最後達到與內地毫無區別的程度。」[17]

田總督以後的歷代總督均接受內地延長主義的同化政策(即本土化政策),特別是在滿州事變、中日戰爭爆發之後,更是加強推行此項政策。甚至在極端的情況時,完全忽視台灣與日本間自然條件的差異,以「內台間設置時差,造成行政上及其他種種不便」[18]的理由,於1937(昭和12)年10月1日廢除時差,將台灣的時間與日本的時間調為一致。

儘管台灣的本土化至少在行政面上逐步進行,但在鴉片問題上依然呈現日本「在國際法上視為國內,在國內法上視為國外」的矛盾。因此,將台灣僅存的鴉片吸食特許者一掃而空,對於進一步的本土化工作上確有其必要。

在進入太平洋戰爭前後,內外一元化的氣勢更為高漲。例如,日本政府於1942年11月修改內務省官制[19],使「內務大臣統理有關台灣總督府事務」。此項修改的重點在於內務大臣對台灣總督「於監督權之外,亦擁有指示權」,且「其指示權與朝鮮的情況不同,台灣總督必須完全服從內務大臣的指示」[20]。此點顯示台灣的內地化較朝鮮前進,在編入內地的工作方面先其一步。

17　原敬「台灣問題二案」,伊藤博文編『秘書類纂　台灣資料』所收(原書房,昭和45年復刻),頁32-34。

18　前揭『日本統治下五十年の台灣』,頁31。

19　山崎丹照『外地統治機構の研究』(高山書院,昭和18年),頁74-78。

20　前揭『日本統治下五十年の台灣』,頁170。

此種內地化的情勢即是台灣人禁絕吸食鴉片的氣運。杜教授的第二意見書爲台灣總督府所接受，命其立即從事此項工作的準備，其背景之一即在於此。

●工業化的走勢

與第二次世界大戰後產業極端依賴石油的情況不同地，日本在領有台灣的時期，台灣相對上擁有豐富的天然資源。不但富產煤、米、砂糖、水泥、水果及茶葉，亦充分具備水力、火力發電所需的能源。

正如鴉片問題所見一般，日本殖民地統治和經營與英國的放任主義不同，而是以嚴密控管爲基礎，積極發揮日本人特有桌上作業的功夫，以從事經濟開發，將台灣工業化。結果，台灣成爲史無前例經濟水準極高的殖民地。

依矢內原忠雄教授的研究，日本經營台灣所需的「基礎工作」約在1905（明治38）年前後完成[21]。其後，台灣於1914（大正3）年達成財政的實質獨立，此點顯示產業已顯著地發達。於是，財政獨立後的台灣經濟更進一步加速發展達到更高的成就。

單從生產總值來看，以1935（昭和10）年爲基準，則1941（昭和16）年的產業成長率爲工業五‧三倍、特產〇‧九倍、農業兩倍、林業三‧一倍、水產二‧八倍，總計爲一‧九

21　前揭『帝國主義下の台灣』，頁23。

倍[22]。即使考慮戰時通貨膨脹所導致的物價上升，台灣經濟亦有明顯的躍進。此為1938（昭和13）年4月成功實施「第一次生產力擴充四年計畫」[23]的結果。於是，在第一次生產力擴充計畫實施的途中，工業生產總值於1939（昭和14）年已凌駕農業生產總值[24]。

　　在第一次生產力擴充四年計畫之後，工業化的步調更逐步前進。1941（昭和16）年10月，總督府更策劃「第二次生產力擴充五年計畫」[25]，於翌年4月開始實施。相對於第一次生產力擴充計畫是以輕工業為中心的工業化計畫，第二次生產力擴充五年計畫則是將重點置於重化學工業的工業化計畫。例如，該計畫的部分是於1942（昭和17）年4月以總工程費約三億六千萬日圓，建設日本本土亦未曾出現、最大出力約46萬瓩，平時出力約34萬5000瓩的大甲溪電廠[26]。由此可知，此計畫是劃時代的重工業開發計畫。

　　台灣工業化的時期正是戰爭準備或戰爭時的產物，由於在地理上被定位為「南進基地」、「圖南跳板」，故難免有

22　民主主義研究會『台灣における日本統治と戰後內外情勢』（昭和38年），頁57。筆者認為，本書為滿州事變後，直接參與企劃者於戰後寫成，內容包括經濟、產業重要政策的制定。在該事變發生後，有關台灣的重要政策的資料，因受阻於國防機密而無法取得，加以戰後局勢的混亂，使得此份資料在今日幾無殘存。因而本書成為極為貴重的文獻。

23　同上，頁58。

24　同上。另外，遺憾的是文獻無提供具體的數字。

25　同上註。

26　前揭『日本統治下五十年の台灣』，頁32。前揭『台灣における日本統治と戰後內外情勢』，頁58。

軍需上的性質。然而,日本政府積極地工業投資,構築出從農業本位的殖民地經濟脫胎換骨的重要基盤。

杜聰明教授的第二意見書完成於第一次生產力擴充四年計畫進行期間,其禁絕鴉片吸食五年計畫亦符合強化台灣工業化的第二次生產力擴充五年計畫時期,此點絕非偶然。原本吸食鴉片的惡習僅能存在於以大家族共同生活為中心的農業社會,在小家族生活的工業化社會中,游手好閒的吸食鴉片者成為極大負擔,逐漸成為不可能之事。再從社會生活的緊張度來看,工業社會當然會排斥毫無生產力的鴉片吸食者。杜聰明教授在第二意見書當然會排斥毫無生產力的鴉片吸食者。杜聰明教授在第二意見書中所言「希望接受除癮治療者已有相當人數,且其家族亦對此深表感謝」,其背景所在即為此種工業化社會導致生活型態改變的影響。

因此,台灣總督府接納杜聰明教授的第二意見書以禁絕鴉片吸食,即願意將鴉片政策從漸禁改為禁絕,其背景之一即是台灣經濟的工業化。

三、南方鴉片統一論

首先,我們先回溯鴉片政策統一論的源流。台灣總督府專賣局的鴉片煙膏製造能力為年產二十五萬噸[27]。此為1900

27　荒川淺吉『阿片の認識』(昭和18年),頁277。

（明治33）年確定台灣鴉片吸食特許者人數後，以其爲基準
（設定指數爲一○○）而設置的產能製造設備。其後，隨著鴉
片吸食特許者的逐年減少，製造設備每年都因生產量過剩而
日益閒置。此時，首先注意到此點的是擔任專賣局長的賀來
佐賀太郎。

　　第一次世界大戰爆發後，日本立即對德宣戰，並登陸中
國的山東半島，占領德國租借地——青島。在占領青島的同
時，專賣局長賀來佐賀太郎正代理台灣民政長官，他向陸軍
次官山田隆一提出如下照會。

　　現於青島實施軍政，而該地中國人中必有鴉片煙膏吸食
者。台灣總督府專賣局製造之鴉片煙膏極適合一般鴉片吸食
者的嗜好，並擁有充分的製造能力，此時正可將總督府製造
的鴉片煙膏售與前述吸食者。若得閣下同意，願訂立有關之
販賣規定，且就其他取締條項簽立協議。此件有煩詮議，特
此照會。[28]

　　如前所述，陸軍方面接受台灣總督府的請求，於1915
（大正4）年度至1918（大正7）年度爲止，准許台灣將鴉片輸
往青島。

　　有鑑於台灣鴉片輸往青島的成功，賀來佐賀太郎於1917
（大正6）年7月提出有關針對日本各殖民地或租借地，供給鴉

28　台灣總督府專賣局（松下芳三郎）『台灣阿片志』（台灣日日新報社，大
　　正15年），頁318。

256

片煙膏及劃一鴉片制度的「帝國鴉片政策統一論」[29]。其要旨如下：

　　……須期望日本帝國殖民地鴉片制度的統一，而其實施應參照台灣鴉片專賣制度的施行經過，制定發佈適當法令，以期毫無疏漏地運用。至於其實施時所需鴉片煙膏的製造，若能責成有多年經驗及熟練職工的台灣總督府為之，託付其因應必要加以製造，則僅需支付其製品販售上所需之費用即可。如此，各殖民地毋須企畫任何設施，即可達其目的……斷然實施鴉片制度的統一之際……重要的是，仿效台灣的先例，以其處理方式為之，即可確保無誤……

　　賀來更大略概算各地鴉片煙膏的供給、需求與收益。他指出：

　　下列數據之算定根據可以領有台灣時的狀態為準……關東都督府管內之中國民族人口數，關東州為490,431人，南滿州鐵道沿線地區為59,510人，合計549,941人；而青島軍政署管內之中國民族人口數，青島市及其租借地為161,440人，總計為711,381人。依此人口……若以吸食人口約6.3%計算，則關東都督府管內……為34,646人，青島軍政署內為……10,171人，而其吸食量亦可視同台灣的吸食先例……

29　賀來佐賀太郎『帝國阿片政策統一論』（極秘，大正6年7月31日），出處不明，活字印刷小冊，全12頁。

關東州……一年約12,645貫……青島則約3,712貫……需求總量實爲一年16,358貫，由此試算每年可得收入爲……關東州……1,416,328日圓，青島……415,790日圓，總計純利爲1,831,118日圓……

提示上述具體數字後，他得出如下結論：

台灣鴉片工廠的製造能力一年約60,000貫，而目前一年製造數量僅26,000貫，其相差約有30,000貫以上的過剩能力，故足可應付上述所需求量16,000貫餘，若實施本項政策，上述兩殖民地政廳不僅可節約建造工廠的設備及其他費用，且毋須如目前爲購買原料而有所不安，相信可具體呈現理想的成果，此事毋庸置疑。

亦即，賀來的構想是各地區參考台灣的鴉片制度，各自設置妥當的鴉片措施，而鴉片煙商則利用台灣總督府的過剩設備，由專賣局統一進行原料的取得與煙膏的製造，據此每年可獲180萬餘日圓的純利。此項對總督府極有利的賀來構想，因爲國際鴉片會議的壓力或英國的妨礙[30]而無法實現。從台灣向青島輸出鴉片一事亦於1919年度告終。

然而，日本在1941（昭和16）年12月展開太平洋戰爭，由於戰爭初期輝煌的勝利，使台灣做爲「南進基地」的構造更

30　前揭『台灣阿片志』，頁323。

258

具現實性。在此種情勢下，類似之前賀來構想的鴉片政策論再度受到注目。

若將賀來構想視為「大陸版」的鴉片政策論，則太平洋戰爭爆發後出現的構想即可稱為「南進版」的鴉片政策論。雖有學者提出此項說法，但此等南方鴉片政策論究竟政策化到何種程度，且如何付諸實行，只能期待日後新史料的發現。然而，此點無疑給擁有製造鴉片過剩設備的總督府相關人員極大的期待。如後所述，此點亦對台灣禁絕鴉片吸食帶來意想不到的良好影響。

在1943（昭和18）年7月，台灣總督府祕密刊行專賣局鴉片課長荒川淺吉所著〈南方鴉片統一論〉[31]一文。該文件中載有專賣局長佐治孝德的序文。他指出：

> 對於皇軍顯赫的戰果，台灣以過去的技術及經驗，積極協助新南方圈的建設事業。在南方施行政策上，無法立即或突然實現者為鴉片問題。南方圈的鴉片措施……應借重台灣的技術與經驗一事，實毋須多言……

他主張南方鴉片問題刻不容緩，並強調其措施絕對需要台灣的經驗與技術。

〈南方鴉片統一論〉全文長達四十一頁，其內容為序文；一、特殊事情與舊制度；二、煙癮者人數及鴉片消費

31　荒川淺吉『南方阿片統一論』（極秘，昭和18年7月21日），出處不明，活字印刷小冊，全41頁，參照序文部分。

量;三、南方施行政策的要件;四、海南島與香港;五、英領馬來亞與荷屬印尼;六、緬甸、法屬中南半島、泰國、澳門;結論。最後,該文並附上出澤鬼久太所著〈南方諸邦鴉片政策論〉一文。

值得注意的是,在第三章南方施行政策的要件中,提及煙膏的規格、等級,「計量單位均採用公尺法」;「原料鴉片於現在調度」,不自英國統治地區買入;「鴉片由政府專賣」,以政府指定的代理公司爲大盤,由其轉交特許零售商(須繳納押金)販售等。同時,在結論方面提出「南方圈全體的鴉片需求量差額爲三十萬瓩,而相對地,台灣鴉片工廠的設備能力約二十五萬瓩,故須稍加擴張」、「由於大量生產所需的製造費用比較便宜,故能抑制煙膏之販賣價格」、「於不同領域統一官製煙膏的品質規格,在取締走私偷賣方面即甚爲方便」,最後是操作生產低嗎啡鴉片時,「爲保守祕密,亦以台灣現有設備爲最佳良策,故斗膽檢討之前賀來專賣局長的帝國鴉片統一論,重提南方鴉片統一論」。

在附錄的〈南方諸邦鴉片政策論〉一文中,係由條例式舉出五十個項目,其重要部分爲「對於皇軍攻略及占領地區,應立即處理的問題實爲米、鹽與鴉片」、「由在台三十餘年,以其壯年之前從事鴉片行政之賀來爲全權代表,出席國際鴉片會議」、「賀來全權代表對列國代表申論日本的鴉片政策,強調我大日本帝國在台灣的政策,爲世界上最人道的鴉片政策」、「期望將台灣鴉片政策移往各地,並能提供廉價且優質的鴉片」。

　　從上述引用的內容可知，無論是南方鴉片統一論或是南方諸邦鴉片政策論，其著者均爲賀來佐賀太郎的部下，他們主張將賀來的帝國鴉片統一論在南方實現，意圖重新利用台灣製造鴉片的過剩設備。

　　在總督府專賣局相關人員以外，亦有南方開發金庫發行的「共榮圈鴉片事情」手冊[32]。該手冊發行於1943年8月，並明記「本文書在性質上有許多不宜公開的部分，僅以極祕資料文件印刷」。該文書共分五章，其內容爲：一、重要性；二、國際性；三、大東亞地區的生產消費；四、地區別概觀；五、結語。該文書對包括蒙古、新疆、滿州、中國、印度在內的大東亞共榮圈，使用許多統計表來說明鴉片的狀況，最後指出：「我國南方作戰首先必然切斷共榮圈與印度鴉片的關係，此點可說是共榮圈鴉片政策的最佳時機。當然，吾等要在南方占領地區禁絕鴉片，在目前尚有困難，且鴉片收入亦是一大收入來源（其大體情形可參照本金庫第26號調查資料，南方占領地財政概況）。」該手冊雖刻意壓抑鴉片的財源化問題，但仍不經意地流露出此種意圖。

　　由上可知，鴉片相關人員（特別是台灣總督府專賣局）極期待台灣鴉片向南方發展。台灣若向南方供給標示統一規格、品質的鴉片，則總督府的製造鴉片設備，即須整體動員，傾全力投入南方所需鴉片的製造。此時，總督府當然不可能生產鴉片來供應台灣僅存的少數鴉片吸食特許者。因爲自1915

32　南方開發金庫調查課『共榮圈の阿片事情』（極秘，昭和18年8月），手寫製版印刷，全34頁。

（大正4）年起，台灣鴉片所含嗎啡已逐漸減低，即使提供南方的鴉片亦考慮抽出嗎啡，但台灣的低嗎啡鴉片不能直接輸往南方使用，因而勢必停止製造台灣人吸食用的鴉片。

關於南方鴉片統一論構想究竟有否實現，以目前的資料並無法得知。但既有此種構想出現，則杜教授主張禁絕台灣鴉片吸食的第二意見書，恰能符合此項時機與需求，總督府相關人士當然積極加以接納，選擇中止製造提供台灣人吸食用的鴉片煙膏，禁絕台灣人吸食鴉片。

四、台灣鴉片問題的終結

●鴉片原料的匱乏

至1915（大正4）年3月為止，台灣總督府專賣局所使用的鴉片原料（即生鴉片）幾乎全是在孟加拉生產的印度鴉片。這些原料係來自香港的鴉片市場，但由於中英鴉片協定生效的結果，只有持輸入中國許可書者方可購買，其他管道均不能在香港市場購得鴉片。於是，自1911（明治44）年9月起，鴉片原料只能從印度的加爾各答直接購入[33]。

然而，由於第一次世界大戰的影響，使得醫藥用麻醉

---

33 台灣總督府專賣局（松下芳三郎）『台灣阿片志』（台灣日日新報社，大正15年），頁159-61。

劑的價格高漲，且其輸入亦變得十分困難，於是出現鹽酸嗎啡國產化的緊急課題。如前所述，此事導致總督府專賣局於1915（大正4）年度起私下萃取原料鴉片主成分的嗎啡，生產粗製嗎啡，並降低鴉片煙膏的嗎啡含有率。基於此種需要，鴉片原料的購入亦有必要從印度鴉片，改爲嗎啡含量最高的土耳其鴉片。於是，自1916（大正5）年度起，總督府改從倫敦、紐約或孟買等地調度土耳其鴉片[34]。

　　總督府專賣局使用土耳其鴉片爲原料的期間，由於行情的變動及土耳其鴉片的欠收等原因，有時亦購入波斯鴉片、印度鴉片、中國鴉片替代。然而，無論來源爲何，其原料均是依賴國外進口[35]。

　　1941（昭和16）年12月太平洋戰爭爆發後，日本立即占領東南亞全境，英美法荷等國的殖民地均落入日本手裏。當時僅存者爲中立國葡萄牙所領有的澳門。但澳門爲鴉片的消費地而非產地，且非鴉片的供銷市場[36]。因此，在太平洋戰爭展開的同時，台灣鴉片原料的供給亦隨之中斷。

　　於是，日本政府乃「基於臨時急劇的變化，慮及鴉片行政的混亂，而在與七七事變同時成立的蒙疆地區三個自治政府中，因襲舊有的方策，整備蒙疆的鴉片行政。亦即，察南自治政府將舊政權時的察哈爾清查處，改稱察南自治政府財

34　同上，頁161-85。

35　同上註。

36　雖然澳門過去曾從台灣進口鴉片煙膏，也曾爲走私鴉片進入中國的中繼站，但絕不是鴉片的供給站。前揭『台灣阿片志』，頁325-27。

政廳清查處；蒙古聯合自治政府補充原有稽查處，創設稅務
管理局；晉北自治政府為事變後新出現的政權，無法沿襲舊
政權時代的制度設施，故將所有鴉片相關業務，劃歸前述蒙
古政府稅務管理局，以此方式整備事變後蒙疆地區三個自治
政府的鴉片行政」[37]，據說「為瞞過各國的目光，乃計畫將
鴉片生產移至最內陸的蒙古，將蒙古全土成為罌粟栽培地及
鴉片製造地」[38]。

　　同時，「基於緩和東亞鴉片供需的顯著失衡」，決定由
上述三個自治政府的聯絡機關──蒙疆聯合委員會，統籌管
理生鴉片的生產、收購、配給及輸出等。民國28（1939）年6
月，設立鴉片監督機關──清查總署，更慮及統一收購的問
題，而「以該總署為監督官廳，設立國策企業的蒙疆土藥公
司……並新成立統轄三個自治政府的蒙古聯合自治政府」，
將之分別置於其財政部的監督之下[39]。

　　於是，由於「打破以往鴉片供需的不均衡，將確保鴉片
原料列為政府的重要課題與當務之急」，因此蒙古聯合自治
政府鼓勵鴉片的增產。有鑑於鴉片農民對國策企業「蒙疆土
藥公司」的不滿，自治政府乃解散該土藥公司，而以「土藥
組合」[40]取代之。如此一來，蒙疆遂逐漸成為東亞最大的鴉

37　滿鐵北支經濟研究所『蒙疆ニ於ケル阿片』（極秘，昭和16年5月），打
　　字印刷，頁11。

38　二反長半『戰爭と日本阿片史』（すばる書房，昭和52年），頁195。

39　前揭『蒙疆ニ於ケル阿片』，頁23-24。

40　同上，頁26。

片產地。

　另一方面，以台灣總督府專賣局相關人士爲中心的南方鴉片統一論者表示：「鴉片政策的重大問題在於原料生鴉片的取得。南洋地區的生鴉片需求爲51萬瓩……相對於此，中南半島生產安南罌粟；越北的東京地方亦可自行栽培；泰國、緬甸亦有生產；再加上雲南鴉片的輸入亦有相當的數量，故即使完全不輸入印度、伊朗、土耳其的鴉片，所缺不足部分亦可藉營運方式和消費管制多少加以填補。另一方面，做爲對不足鴉片的永久政策，而以三十萬瓩爲目標，緊急著手栽培罌粟。若以一町步（日本土地計算單位）生產十瓩爲目標，則所需耕地爲三萬町步，在以農耕爲主業的南洋地區，此等耕地完全不成問題。且若考慮取締方便和管理容易，亦可由煙葉栽培地轉作種植罌粟。目前重要的是基於當地的狀況加以處理及實行而已」[41]，對此極表樂觀。

　1942（昭和17）年4月，美軍機動部隊首次空襲日本本土。同年6月，在中途島海戰敗北的日軍已無法確保制空、制海權，戰爭主導權亦由美軍掌握。對南洋的物資輸送及從南洋調度物資亦無法按計畫進行，鴉片的狀況亦復如此。依南方開發金庫的調查[42]，1942（昭和17）年度共榮圈的吸食用鴉片，其不足量已達567,337公斤（見表1）。在此種情況下，日本仍於1943（昭和18）年7月刊行樂觀的「南方鴉片統一

41　前揭『南方阿片統一論』，頁14-15。

42　前揭『共榮圈の阿片事情』，頁6。

論」，此點可能是總督府專賣局鴉片相關人員不了解戰局已對日本不利所致。

表1　共榮圈中每年鴉片的生產與消費（公斤）

地區	生產量	消費量	多餘或不足	吸食者數
滿州	374,793	393,645	−18,852	520,000
蒙疆	672,420	417,023	+255,397	550,000
華北	427,957	514,680	−86,723	700,000
華中	18,853	259,037	−240,184	340,000
泰國		92,378	−92,378	80,000
馬來亞		143,281	−143,281	130,000
荷屬東印度		64,099	−64,099	60,000
法屬印度支那	30,164	135,740	−105,576	120,000
其他	7,541	79,182	−71,641	70,000
合計	1,531,728	2,099,065	−567,337	2,570,000

　　日本在蒙疆全力增產鴉片雖有極大的成果，且年產量達25萬餘公斤以上，但與大東亞共榮圈的需求量相比，有如杯水車薪般地絕對不足。

　　由於共榮圈的鴉片是政略物資，在絕對量不足的情況下，當然是先削除不重要的需求。於是，對台灣僅存少數鴉片吸食特許者的供給，極自然地成為加以禁絕的對象。

　　然而，太平洋戰爭阻斷鴉片的輸入途徑，並非是造成吸食用鴉片極度不足的原因。戰線擴大和戰局的不利，使得傷兵顯著增加，亦導致麻醉劑的使用量急遽增加，結果使得原

料鴉片的不足更形嚴重[43]。此時,鴉片已不僅是政略物資,而更進一步成為戰略物資。在太平洋戰爭末期,日軍發動悲壯的英帕爾作戰[44],此役雖然成功封鎖英軍的反攻,但其目的果真只是為自由印度臨時政府取得印度本土據點嗎?此點實有其疑問。在戰爭期間,緬甸日軍需要鴉片的程度,可從其竟然向蔣介石國民黨政府大量購入雲南鴉片一事得知[45]。

由於鴉片原料的極度不足,使得台灣總督府專賣局不得不於1944(昭和19)年9月停止鴉片煙膏的製造[46]。總督府原先預定自1942(昭和17)年度起,以五年計畫禁絕鴉片的吸食,但由於戰爭導致鴉片原料極度的缺乏,使得台灣鴉片問題提早落幕。

●第三期矯正事業及其終結

預定於1942(昭和17)年4月展開的第三期矯正事業,業已於1941年5月做好完全必要的準備。然而,在矯正事業展開之前,卻爆發太平洋戰爭,迫使總督府迅速將更生院的床位由五十床增為一百床,使入院員額增加一倍[47]。

43　前揭《杜聰明第八報告》,頁573。

44　兒島襄『太平洋戰爭』下(中央公論社,昭和40年),頁171-73。林三郎『太平洋戰爭陸戰概史』(岩波書店,昭和26年),頁147-50。

45　Alfred W. McCoy, "The Politics of Heroin in Southeast Asia", New York, 1972, pp. 68-69.

46　前揭《杜聰明第八報告》,頁573。台灣總督府『台灣統治概要』(原書房,昭和48年),頁464-65。

47　前揭《杜聰明第八報告》,頁597。

　　在五年計畫中，以禁絕鴉片吸食為目標的第三期矯正事業，依原先預定而逐步展開。然而，由於時局緊迫，在五年計畫的第三年（即1944年度），總督府更增加更生院的收容能力，病床一舉增為一百八十床，並將原先未預定的麻藥中毒者亦列為矯正治療的對象[48]。

　　在上述矯正事業進行期間，日本於1945（昭和20，民國34）年8月15日宣佈投降，中華民國的軍隊於同年10月25日進駐占領台灣。如此一來，日本的台灣統治告終。隨著統治者的更替，更生院亦改名為中國式的「戒煙所」[49]。

　　戒煙所所長仍由杜聰明教授擔任，當時尚存的入院治療患者被移至台北醫院（杜聰明兼任院長）所設特別病床，繼續接受矯正治療[50]。

　　1946（昭和21，民國35）年6月10日，隨著最後一名矯正患者（麻藥中毒者，陳桂英，女，26歲）出院，第二期矯正事業遂告終結，其矯正成績可參見表2[51]。戒煙所在整理殘留事務後，於同月底關閉[52]。

　　如此一來，始於十七世紀荷蘭統治時期，前後毒害台灣人三百餘年的鴉片吸食惡習終於結束，而與日本領有台灣同時發生的鴉片問題亦劃上休止符。此為日本統治台灣五十年

48　同上，頁600-01。

49　前揭《回憶錄》，頁82。前揭《杜聰明第八報告》，頁597-98。

50　同上註。

51　同上，頁597。

52　同上，頁598。

表2 第三期矯正事業之成績

受命矯正者	3,051
自願矯正者	36
毒品中毒者	32
合計	3,119

之後的事，後藤新平預言的五十年禁絕計畫，雖有偏差但卻恰巧言中。然而，這並非只是基於後藤所訂立的漸禁政策，亦包括國際鴉片會議所引起一連串的波瀾，以及杜聰明教授為首相關人士的努力。此外，台灣鴉片政策的轉變則與國際情勢（特別是太平洋戰爭爆發），導致鴉片原料的輸入中斷等因素有關。

結 語

　　自幕末（江戶末期）開國以後，日本即採取嚴格禁絕成癮性物品的措施，因而成功地截斷鴉片對日本人及日本國內的污染，使日本得以不同於近鄰的東亞諸國，始終不曾出現鴉片毒害的問題。因此，日本首度面對鴉片問題，實際上是始於領有台灣之後。

　　約起源自荷人治台時期前後的台灣鴉片問題，與當時台人的武力抵抗，是日本領有台灣時最受內外注目的兩項重要問題，也成爲考驗日本這個後進殖民國殖民地統治能力的試金石。最後，日本政府基於後藤新平的漸禁政策，制訂鴉片專賣制度，在此制度下巧妙地解決鴉片問題。其後，更如後藤所預言地，長久以來侵蝕台灣人身心的吸食鴉片劣習，在日本領台五十年後，已如同日本內地一般完全絕跡。

　　鴉片專賣制度並非後藤新平所獨創。早自十六世紀以來，歐洲先進殖民國家爲厚實殖民地財政，已於東南亞各地設置所謂的鴉片收入措施。不同的是，後藤所擬定的台灣鴉片專賣制度，雖曾參考先進殖民國家的經驗，卻不單只是著眼於財政目的的專賣，而是更期待能達到吸食者漸減的行政目的，同時藉此培養殖民地統治的抬轎者——御用紳士。換句話說，台灣鴉片專賣制度兼具「財政專賣」、「行政

專賣」及「治安專賣」的功能,其於殖民統治上所貢獻的機能,遠遠凌駕於歐美先進殖民國家的鴉片專賣制度之上。

寓有行政、財政、治安三方面機能的台灣鴉片專賣制度,對日本領台初期的經營,扮演著舉足輕重的角色。在財政面上,鴉片收入減輕日本一般會計的對台補助金,將台灣財政獨立的日程提前。在治安面上,專賣制度促使鴉片煙膏經銷商取代領台初期編組的保良局,成為與官憲極力配合、專事通報台灣人抗日動向的御用紳士,對安定台灣治安的貢獻極大。

然而,在另外兩項機能(特別是財政機能)的優先選擇之下,專賣的行政機能受到嚴重的阻礙,大幅遲延漸禁政策最終目標的實現(即全面禁絕的完成)。總督府若能不惑於鴉片收入,嚴格執行後藤新平於意見書中所陳述的方案,則台人吸食鴉片的劣習或可於更早的時期內全面清除。

在國際鴉片會議的議席上,日本常被控以向中國私售麻藥及鴉片的罪名。日本政府為挽救此一污名,屢屢援引台灣鴉片漸禁政策的成果為例,佐證日本政府未嘗貪圖鴉片利益。此種說法雖可想見其目的在於轉移注意力,但也間接促使其強化在台灣的漸禁政策,在此方面做出重大貢獻。

在日治時期,台灣人曾前後兩次基於民族運動的立場,反對日本的鴉片政策。第一次反對運動發生於武力抵抗時期,藉由高懸反對禁絕鴉片的大旗,號召台灣人團結一致抵抗日本統治;第二次反對運動發生於政治運動時期,台灣民眾黨針對總督府將增發鴉片吸食特許一事,展開熾烈的反對

運動，同時謀求國際間的奧援。在前後兩次圍繞鴉片政策而生的反對運動中，台灣人的態度有著截然不同的對比，此變化當可歸因於民族自決意識抬頭，以及日治下近代教育的成果。

　　台灣人持續三百多年的吸食鴉片劣習，在日人統治下得到徹底的根除。這項成果常被認為是後藤新平的功績，其實此種看法並不正確。後藤確實曾擬定以禁絕鴉片為終極目標的漸禁政策，同時亦曾架構漸禁政策的基礎，但當後藤實際執行自己所設計的政策時，對於減少鴉片吸食者的工作上卻不甚積極，反而逐漸受惑於應為次要目的的財政收入。此一缺憾其後因國際鴉片會議施加外部壓力、台灣人展開反對運動，以及杜聰明教授等人的努力才得以補全。

　　日本對台灣的統治實際上是扎根於後藤新平所謂的「生物學式的殖民地經營原則＝漸禁式同化政策」之上。本書所探討的鴉片漸禁政策，正是其中最為典型的具現，並有賴此「生物學式的殖民地經營原則」，從而意外創造出豐碩的成果。

索引

五劃

國家圖書館出版品預行編目資料

台灣統治與鴉片問題／劉明修 著；李明峻 譯.
- - 初版.- - 台北市：前衛 , 2008.08
288面；15×21公分
含索引

ISBN 978-957-801-595-1（精裝）

1. 日據時期　2. 鴉片　3. 台灣史

733.28　　　　　　　　　　　　97011249

台灣統治與鴉片問題

著　　　者　劉明修
譯　　　者　李明峻
責任編輯　吳惠貞
美術編輯　宸遠彩藝
出 版 者　前衛出版社
　　　　　10468 台北市中山區農安街153號4F之3
　　　　　Tel：02-2586-5708　　Fax：02-2586-3758
　　　　　郵撥帳號：05625551
　　　　　E-mail：a4791@ms15.hinet.net
　　　　　http://www.avanguard.com.tw
出版總監　林文欽
法律顧問　南國春秋法律事務所　林峰正律師
總 經 銷　紅螞蟻圖書有限公司
　　　　　台北市內湖舊宗路二段121巷28、32號4樓
　　　　　Tel：02-2795-3656　　02-2795-4100
出版日期　2008年8月初版一刷

定　　　價　新台幣300元
©Avanguard Pubishing House 2008
Printed in Taiwan　ISBN 978-957-801-595-1